読みなおす日本史

日本の奇僧・快僧

今井雅晴

吉川弘文館

目　次

プロローグ—知的アウトサイダーとしての僧侶

奇僧と「超能力」

奇僧・快僧——日本の歴史をふりかえると、このように呼ぶことのできる僧侶たちが目につく。「奇僧」として代表的な人物は、奈良時代の道鏡《どうきょう》であろう。彼は河内国《かわちのくに》の土豪の出身でありながら、葛城山《かつらぎさん》での猛修行《しゅぎょう》によって「超能力」を得て、女帝孝謙《こうけん》天皇の病気をなおし、その絶大な信任を得た。

道鏡が孝謙天皇の信任ばかりか愛情まで獲得したことについては、彼の「巨根」が気に入られたからであるという、いかにも実物をみてきたような話がある。道鏡の巨根伝説である。へえっそうなのか、と男たちは笑う。また道鏡が太政大臣禅師に昇進し、天皇になる寸前にまでいき、あわてた貴族たちの必死の策略で阻止されたと聞けば、道鏡の「超能力」とはすごかったのだなと思ってしまう。普通の能力ではない。なにせ徒手空拳《としゅくうけん》で国家最上部にまでのぼりつめたのであるから。まさに奇僧である。

ただ、道鏡が葛城山中で獲得したというような「超能力」はほんとうにあるのだろうか？　もちろん、それに答えることは私の「能力」を「超」えるが、しかしこういう学者もいるのである。

――「祈雨」に関する話が昔から何度も何度も記録に現れてくるということを無視すべきではない。精魂こめて神仏に祈れば、あるいは自然をも動かすことができるのではないか。雨を降らせることができるのではないか。激しい修行のはてに、その大自然を動かす祈り方を身につけた男たちもいたのではないか。もし「祈雨の法」がまったくの嘘だったとしたら、これほど何度も何度も記録に現れることはなかったのではないか……。

私のさる敬愛する友人はこのように力説する。彼は日本人で、アメリカの大学の宗教学部の教授である。たしかに自然を動かしたかどうかはともかく、それだけの精魂をこめた祈りは、少なくとも人の心を動かしたであろう。

西洋の錬金術は、金属を工夫によって金に変えてしまおうというものである。その工夫は文字どおりの超能力ということになる。そんなことはできるはずがない。現代の考え方ではそうなる。

しかし、その錬金術の途方もない努力が、今日の科学の発達をもたらした。自然界にある物質を変化させてしまおうという考え方は、錬金術も科学も同じである。錬金術を頭から軽蔑することはできない。同じように、「祈雨の法」も単純に軽蔑はできまい。

こうして「超能力」は、私たちにとっても無視できないことになる。それは並はずれた情念のほとばしりから生まれたものであり、人類の願望である、ということにもなる。その超能力を身につけることを期待された者が、日本ではしばしば僧侶たちであった。今日の常識では信じられない能力をもった僧――これを本書では奇僧と呼ぼう。

奇僧はどこか奇妙で少し恐ろしげでありながら、踏みこんで探ってみたい魅力をもっている。できれば自分もその奇僧になってみたい気もする。もちろん「祈雨の法」だけではなく、いろいろの超能力をもっているようであるから。奇僧は、多くの庶民にとって、とても実現しそうもない自分の夢を重ね合わせることのできる存在なのである。

快僧と反権力

一方、「快僧」の代表は一休であろう。後小松天皇の第一皇子でありながら、天皇家を乗っとろうという足利義満の策略により、小さいときに寺へ送られた。このような出自《しゅつじ》と出家のいきさつから、八十余年の生涯を通して反権力に徹した。怖いものなしである。腐敗した仏教界にも批判を浴びせ続けた。

また一休は正月の三が日、髑髏《どくろ》をぶらさげて京都の町を歩き、「ご用心、ご用心」といいつつ一軒一軒をのぞきこんだという。あるいは、一休は「風狂《ふうきょう》」つまり「狂気」を自称した。そしてその心境を独特の文才をもって漢詩に書き表した。

漢詩といえば、一休は七〇代もなかばになってから、四〇歳以上も年下で盲目の森侍者《しんじしゃ》との愛欲生活に溺《おぼ》れ、それをも赤裸々に漢詩に表現した。

人間の真の姿とは何かを追究し続けていた一休は、一見破戒行為ではあるけれど、森侍者に対する自分自身の気持に嘘をつかず生きようとしたという。一〇年間の同棲生活ののち、一休は八八歳の高齢で亡くなっている。まさに痛快に生きた人生であった。「快僧」たるゆえんである。

一休の人生の過ごし方は、これまた誰にでもできることではない。彼ほど痛快に生きることは普通の人間にはできまい。一休が痛快に人生を駆け抜けることができたのは、彼が天皇の皇子であったということが大きな力となっている。しかしそれさえ、多くの庶民にとってはうらやましいかぎりである。私だって皇子になってみたい……。

一休の人気の高さは、まもなく彼についての逸話をひとり歩きさせはじめた。いわゆる「一休頓智《とんち》話《ばなし》」である。小坊主の一休さんが、おとなをとんちでやりこめる話が中心である。これが現代まで続いているということは、いかに一休に民衆の人気があるかということの証明であろう。

職業としての僧

ところで、そもそも僧とは何だったのだろうか。昔の人は何の目的で僧になったのだろうか。それはもちろん本来は悟りを得て、それによって悩める人びとを救うためである。ところが、だんだん別の目的をもった者も僧になるようになった。

奈良・平安時代には、仏教は国家の安泰や国家の中枢を占める皇族・貴族の繁栄を祈ることが仕事とされた。そのために僧は、信用できる立派な人間でなければならなかったので、国家の許可制であった。そのかわり、出家した者は税金を払わなくともよかった。そこで勝手に僧になる者、あるいは僧をよそおう者が続出した。

平安時代中期以降になると、天皇や貴族の子女で僧になる者が多くなる。天皇家の男子は、皇太子以外ほとんど全員が出家させられた。

貴族でもそうである。たとえば和歌で有名な藤原定家《さだいえ》には兄弟が一〇人いたが、定家と兄の成家以外はすべて僧となった。その理由はひとくちにいって、口べらしである。女子ははじめは必ずしもそうではなかったけれど、これも時代がくだるにしたがって、寺に送られて尼になる者が多くなった。

またこれらの「身分の高い僧」の日常生活の面倒をみる「下級」の僧もいた。彼らは事実上の召使いであって、僧としての修行をする必要はないし、修行したいと思っても許されなかった。大寺院の僧兵などもこの種類の僧である。

中世になると、戦争に敗け、寺に逃げこんで僧になる者もあった。俗世間の欲望をすべて捨てるから、命だけは助けてくれというわけである。

近年では、寺の家に生まれたという理由で僧になり、その寺を継ぐ者が圧倒的に多い。世襲、である。本来、仏教では出家して独身であるのが当然であった。出家というのは、家を出、家族と別れるということである。したがって、僧職が「世襲」というのでは矛盾していることになる。

しかし、特に明治時代以降、妻子がいて家にある在家仏教が普通になった。葬式や先祖供養《くよう》に関わる仕事が僧の仕事となり、それによって妻子を養う。江戸時代以来の檀家《だんか》制度によって、檀家が確保されていることがこれを助けている。はっきりいえば、「僧」は職業になったのである。

修行とは

では僧は、悟りを得るために、または極楽浄土への往生《おうじょう》の確証を得るために、どのような修行をおこなってきたのであろうか。これは時代によって重点のおき所が異なっている。

まず奈良時代には、釈迦《しゃか》以来の悟りへの智恵（慧）が記されている経典をひたすら読み、その智恵を自分も身につけようとの勉強が中心であった。華厳宗《けごんしゅう》・律宗など六宗派である。

しかし、それはなかなかむずかしい。やはり身体で覚えなければ、と人里離れた山のなかでの厳しい修行を主張したのが、平安時代の天台宗と真言宗である。それらの修行のなかでも、比叡山延暦寺《ひえいざんえんりやくじ》の千日回峰行《せんにちかいほうぎょう》はもっとも苦しいもののひとつであろう。

この行は七年間かけておこなう。初年度から三年目までは、一日三〇キロ、続けて一〇〇日間ずつ毎日山のなかを歩く。四年目・五年目は同じく三〇キロを二〇〇日、六年目は一日六〇キロを一〇〇日、七年目はなんと一日八四キロを一〇〇日、続いて三〇キロを一〇〇日である。八四キロのときは一日の睡眠時間が二時間程度という。千日回峰行は、まさに人間の体力の限界に挑戦する行のひとつである。

しかし厳しい修行をもってしても、悟りにいたらない者も多い。また貴族社会と強く結びついて堕落する僧が多く出たのも平安時代であった。

ここに人間の弱さを実感し、もう仏の救いの力を信じてすがるしかない、と考える僧が鎌倉時代に続出した。その結果が、浄土宗・浄土真宗・時宗《じしゅう》・日蓮宗などとして後世に伝えられたのである。また、臨済宗や曹洞宗《そうとうしゅう》など、ただ釈迦が悟りを得られたとおりに修行しようとする宗派も、中世から盛んになった。

なぜ僧になるのか

さて、昔だとて、僧侶になるのが魅力ある生き方と決まっていたわけではない。むしろ逆である。すでに述べたように、口べらしなどということも多かった。それに、たとえば次のような僧侶たちもいた。

鎌倉時代の初期に、比叡山延暦寺の住職（天台座主《てんだいざす》）に四度も就任した慈円《じえん》という僧侶がいる。彼は摂関家の出身で、関白《かんぱく》九条兼実《かねざね》の弟として知られていた。兼実は鎌倉幕府を開いた源頼朝の親密な協力者である。

平安時代以来の貴族社会では、兄弟のうち誰か一人が出家すると、両親の代、祖父母の代、子の代、孫の代のすべての一族の者が極楽浄土へ行けるという信仰があった。そこで代々、毎回念押しをするように、誰か一人あるいはそれ以上を出家させていた。

選ばれた（？）慈円は比叡山に登り、一四年間修行に励んだ。高級貴族出身であるから、居心地の悪い環境であるはずがない。しかし慈円はしだいに僧侶として一生を過ごすのが嫌になっていく。そして二〇歳を過ぎたころに比叡山をくだり、実家に帰って僧侶をやめたいと告げるのである。

しかし兄九条兼実をはじめとする家族の者はあわて、慈円のいうことを聞いてはくれなかった。よってたかって説得し、また比叡山へ送り返してしまうのである。慈円を比叡山に入れたのは口べらしでもあったが、また仏教界も当時の社会では大きな影響力をもっていたから、九条家がそちらに勢力を伸ばす意味もあったのである。

こうして比叡山に送り返された慈円は、くやしい思いを押し殺しつつ修行に励み、やがては僧侶・学者・政治家としてすぐれた人物となった。

後醍醐《ごだいご》天皇の皇子の護良《もりよし》親王にしてもそうである。彼の母、つまりは後醍醐天皇の妃《きさき》は日野氏の出身であるが、なんと彼女はもともと後醍醐天皇の祖父亀山天皇の妃であって、その間に尊珍《そんちん》という皇子までいた。したがって護良親王にとって、母方からみれば尊珍は兄であるが、父方から見れば大叔父《おじ》（祖父の弟）ということになる。

護良親王は比叡山に送られて出家するが、これは将来の天皇候補からはずされたということである。そしてまた、後醍醐天皇が仏教勢力を自分の支配下におこうという政策の一環に、護良親王が使われたということでもある。護良親王の出家名は尊雲《そんうん》という。

やがて後醍醐天皇は、鎌倉幕府を倒そうという意図を明らかにし、それに共鳴した護良親王は大いに働いた。そして幕府崩壊後は、征夷大将軍《せいいたいしょうぐん》になることに情熱を燃やした。護良親王自身が日本を支配しようというのである。しかし天皇親政をめざした後醍醐天皇にうとまれて捨てられ、鎌倉の牢のなかで短い一生を終える。

護良親王が実際にどのような歴史的役割をはたしたのかは別にしても、数百年後の今日にいたるまでその人気は高い。なぜであろう。

考えてみれば、護良親王は最後まで出家のまま、後醍醐天皇とともに戦ったのではない。途中で還《げん》俗《ぞく》し、俗人として活躍したのである。それにもかかわらず、比叡山延暦寺を背負っている印象が強い。

奇僧・快僧の魅力

比叡山に関係のある二人の僧侶の例をあげたが、慈円にしても護良親王にしても魅力に満ちた人物像である。いうまでもないが、本来、僧というのは〝出家〟、「家」を出た者である。家族を捨て、衣食住を捨て、俗世間の楽しかるべき人間生活を捨てて修行の道へ入った者である。なぜそんなことをするのかといえば、つまりは人間生活を送ることから生まれる苦しみから逃れるためである。

仏教では、人間生活のもっとも根本的な苦しみを四苦という。病気になる苦しみ、老いていく苦しみ、死ぬ苦しみ、そしてこれらのことが起きるもとである生きていることそのものの苦しみ。これらから逃れることができる状態になることが「悟り」である。したがって修行僧は現世への執着を捨て、静かにひたすら修行に励むのである。いや、励むはずである。

ところがすでに述べた道鏡や一休、慈円や護良親王をみると、そうした僧とはどうも違う印象をうける。どこが違うのか。

それは第一に、力強いことである。とてもおこない澄ました、ひっそりした印象ではない。僧侶としても力強く、俗人としてもいっそう力強い。しかも僧侶として激しい修行生活を送っている。

釈迦がインドで開いた仏教は、本来、苦行を否定するものであった。体を厳しくいためつけたところで悟りにはいたらない、という釈迦の体験から出た考え方である。しかし仏教が北インドから中国・朝鮮・日本と伝わってくる間に、苦行に関する考え方は大いに変わってしまった。特に日本において、仏教が山岳信仰と結びついたからなおさらである。

山岳信仰における宗教者は、けわしい山に入って、その山の不思議な霊力を身につけることを修行の最終目的とした。そのためには、ろくろくものも食べずに山を走りまわり、滝に打たれ、瞑想《めいそう》をし、山の神々に祈るのである。何ヵ月も何年も山をおりてこないこともある。こうして得た霊力をもって里の人びとの求めに応じ、病気をなおしてやったり、畑の作物を荒らす虫を退治したり、安産を祈ったり、国家の安全を祈念したりしたのである。

このような山岳修行をおこなった僧侶は、庶民にとって、いかに力強くみえたことだろう。普通の人にはできない激しい、苦しい修行を重ねたそのことだけで尊敬の対象となる。庶民にとっては、それが正しい仏教であるとか、いや違うとか、そのようなことは問題ではない。祈禱《きとう》というきっかけによって少しでも自分たちの状態が変わり、心に張りが出てくれれば十分なのである。霊力に満ちた、力強い僧侶たちは魅力的である。

次に、道鏡や一休から、あるいは慈円や護良親王たちからうける印象の第二は、順調でまともな人生を送ってはいないということである。彼らは俗人の世界からはみ出したところで生きている。天皇の息子である護良親王であってさえ、自分の意志とは無関係に寺に送られ、また父の都合によって幕府討滅に駆り出され、はては父と考えが違うことによって死にいたらしめられてしまう。

彼らはそれぞれ程度の差はあっても、みなアウトサイダーである。そしてアウトサイダーには「力強い」あるいは「強烈」、さらには「あくが強い」という性質がある。アウトサイダー個人にはそれぞれの苦労があるに違いないけれど、庶民はそのことよりも、アウトサイダーのもつ力強さに魅力を感じ、引きつけられるのである。その力は不可思議な霊力から発しているともみえるから、何か「危ない魅力」ともいえようか。

第三に、学問が深いだろうという安心感がある。彼らはもちろん僧侶としての修行を重ねているからである。その学問の深さには程度の差はあるのだろうが、庶民からみれば問題なく尊敬できる。庶民の指導層である武士にしても、その政府である幕府を作りあげた鎌倉時代、文字が読める人間は少なかった。文字が読めなくてあたりまえの世界のなかで、文字がすらすら読めるだけで敬意を表されたはずである。知的な能力を備えた僧侶は庶民から敬《うやま》われたのである。

知的アウトサイダーへの期待

昔の人たちの圧倒的多数は、もちろん学問もなければ教養もない庶民である。毎日農業・商業・工業その他の仕事で懸命に働いて、自分と家族の生活をささえている。その変化しようもない毎日の生活のなかで、彼らは渇きをいやすように「超人」を求めたのではなかろうか。その超人は彼らの見果てぬ夢をかなえてくれるのである。

そして超人は世俗社会の正統派的な出世をした人間であってはならない。庶民は彼らに圧迫されることが多いから、反感をもちこそすれ好意をもつことは少ない。むしろ、正統派的な生き方をはずれた、アウトサイダーにこそ拍手を送る。アウトサイダーが平穏で楽な暮らしをしているとは誰も思わない。そしてその点にこそ、庶民の好意が集まるのである。

力強いアウトサイダーこそ、超人にふさわしい。世のなかの正統的な出世のコースをはずれた僧侶の世界こそ、アウトサイダーの巣窟《そうくつ》である。供給源である。坊さんなら間違いがない。学《がく》がある。学があるなら正しく庶民を導いてくれる。こうして学があるアウトサイダー、つまりは知的アウトサイダーが憧れの対象になったのであろう。

庶民があくせく働かねばならない毎日の生活。庶民は日常の世界の鬱屈《うっくつ》した気持からの解放を、非日常の世界の人間である知的アウトサイダーに託したのである。出でよ、超人。その解放が一時的なものであっても、夢が現実にならずに消えてしまうものであっても、庶民は超人を求め続けた。消えてしまうものであるからこそ、なおさら求め続けたともいえようか。

こうして今日考えるより以上に、知的アウトサイダーに対する期待は大きかった。それが次々に「奇僧・快僧」を生み出していくことになったのである。

さっそうと人生を駆け抜けた人びと

かつての日本の社会は奇僧・快僧を輩出した。彼らのある者は我がもの顔に世のなかを渡り歩き、ねめまわし、ときには人びとを恐がらせた。またある者は痛快にさっそうと人生を駆け抜けていった。まるでこの世に恐れることが何もないかのように。たとえ、その前に立ちふさがるものが権力者であっても、暴力であっても、貧乏であっても、病気であっても、そして死であったとしても。本書でとりあげるのは、そのような奇僧・快僧たちである。

まず道鏡からはじめよう。彼は前述のように、超能力の奇僧の代表ともいうべき存在であった。

次にとりあげるのは、幻の理想を求め続けた歌僧の西行《さいぎょう》である。彼は将来を期待されていた朝廷の武官であり、家は豊か。何不自由ない生活であったのに、二〇歳あまりで突然妻子を捨てて出家した。和歌と恋とを求めて各地を放浪し、春の桜の花のもとで死にたいとの念願どおりに亡くなり、世間を感動させた。

西行と同時代に生きた文覚《もんがく》は、生まれながらの反逆僧であった。友人の妻に横恋慕《よこれんぼ》したあげく誤って彼女を殺害した。森鷗外の「袈裟《けさ》と盛遠《もりとお》」の主人公である。後悔して出家、想像を絶する荒行《あらぎょう》ののち、京都神護寺《じんごじ》の復興につくした。この間、後白河法皇に喧嘩を売り、伊豆の源頼朝にその父義朝の髑髏《どくろ》を片手に挙兵を勧め、源氏の世のなかになると一転して平家の嫡流《ちゃくりゅう》六代御前を守るなど、反逆者としかいいようのない人生を送っている。

続いて、悪人正機説《しょうきせつ》で知られる親鸞《しんらん》をとりあげよう。彼は没落貴族の家に生まれ、二〇年間の比叡山での修行ののち、専修念仏の法然《ほうねん》の門に入った。彼は、公然と結婚し、悪人正機説を広めた。当時、僧侶は結婚してはいけなかった。隠して結婚している者は多かったが。親鸞は結婚してもよいとしただけではなく、結婚することこそ極楽浄土への近道であるといいきった。また善人ではなく悪人こそ、阿弥陀仏《あみだぶつ》のほんとうの救いの対象であるとした。いずれも常識とは正反対、発想の転換である。

次には特に強烈な個性の僧侶が現れる。『法華経《ほけきょう》』の信仰の日蓮である。彼は正しいと信じた『法華経』のためには、命を捨てることも惜しまなかった。また正しい教えを説く者は必ず弾圧される、その弾圧がひどければひどいほどその信仰の正しさが証明される、と主張した。一方では、他の仏教諸宗派に対する排撃はすさまじく、その恨《うら》みを買って二度も島流しにされている。モンゴルの襲来を予言して、鎌倉幕府からも注目された。

日蓮と活躍の時期が重なる一遍《いっぺん》も興味深い。彼の個性も強烈であった。僧侶は世俗のしがらみを捨てなければならないといいながら、その実それにしがみついている者が多い。しかし、一遍はほんとうに捨てたのである。衣食住のすべてを捨てて、ボロをまとい、野宿し、各地を遊行《ゆぎょう》すること一六年、ついに旅に死んだ。この間に踊り念仏を開始し、弟子の時衆とともに踊り狂った。すべてを捨てきった遊行僧一遍。彼はまた、超能力をもつ者ともみられたようであり、「天狗の長老一遍坊」ともいわれた。

多くの特色ある僧侶を輩出した鎌倉時代が終わるにあたり、世のなかは護良親王を生み出した。悲劇に終わった彼の人生に対し、源義経に対するのと同じような、判官《ほうがん》びいき的な人気もある。

そして室町時代には、快僧の代表的存在の一休がいる。彼は、寺へ送りこまれるしか生きるすべのなかった数多くの皇子たちの、うっぷんばらしをしているようなところがある。

また戦国時代が終わるころ、快川《かいせん》が現れた。彼は武田信玄と深く親しみ、有名な「風林火山《ふうりんかざん》」の旗に筆をとっている。信玄没後、攻めよせた織田信長の軍に火をかけられた恵林寺の山門の上で、「火も自《おのずか》ら涼し」の句をよんで静かに焼け死んでいる。

そして江戸時代に入り、天海《てんかい》という一〇八歳の長寿を保ち、徳川家康・秀忠・家光三代の宗教政策をささえた僧侶が出た。天海は「黒衣の宰相」と呼ばれたほどの権力を握った。彼は機転がきき、座の取り持ちがうまいという、人づきあいのよさでその権力を握ったのである。江戸時代という平和な時代に、庶民は僧侶に何を求めるようになったか。その点からも天海の人物像は興味深い。

一　道　鏡――恋人は女帝

僧侶は課税されない

昔、奈良時代のころ、僧侶は寺に籠《こも》って勉強し、修行していなければならなかった。勝手に寺の外へ出ることは許されなかった。なぜかというと、僧侶の役割は個人の魂の救済などといったことではなく、国家や天皇・貴族たちを守ることにあったからである。勝手な行動をする僧は処罰する、と当時の法律に書いてある。国の許可がなければ僧侶になれなかった時代である。

しかし、許可を得ずに僧侶になる者があとを絶たなかった。なぜなら、僧侶には税金がかからなかったからである。これは魅力ではないか。なんとかごまかして坊さんになってしまおう。それに修行だってすばらしい。「超能力」が身につくのだから。「超能力」は皆の願望じゃないか。

むろん、無許可で僧侶になったからには、もう普通の生活はできない。行く先が不安ではあるけれど一方では魅力に満ちた、アウトサイダーの世界に入りこむしかない。かくして、素性《すじょう》のはっきりしない僧侶たちが入り乱れはじめた。このなかから一頭地を抜け出し、天皇の位に手の届くところまでのぼりつめたのが道鏡である。「超能力」を身につけた道鏡は、人びとの希望の星であったということであろうか。

不思議な霊力を身につける

道鏡といえども、生まれつき「超能力」が身に備わっていたのではない。さんざん修行した結果である。

道鏡は八世紀はじめのころ、河内国の弓削《ゆげ》という豪族の家に生まれた。正確な生年月日や両親の名はわからない。道鏡は男らしい、豁達《かったつ》な人柄であった。天平宝字六年（七六二）六月七日付けの彼の手紙が東大寺に保存されているが、その筆跡はのびのびとして、細かいことにこだわらない性格を思わせる。それに大きなからだと人並はずれた体力。人びとを威圧するに十分であった。

道鏡は出家して法相宗《ほっそうしゅう》を学んだが、教学にはあまり興味を示さず、葛城山《かつらぎさん》に登って「超能力」を身につけることに強い関心をいだいた。葛城山は、いわゆ修験道の開祖とされる役小角《えんのおづぬ》が修行した、現在の奈良県と大阪府との境にある、海抜九六〇メートルの山である。四キロほど南には、楠木正成《くすのきまさしげ》で知られた金剛山や千早城《ちはやじょう》がある。修験道というのは、けわしい山岳に入って難行苦行を繰り返し、山岳のもつ不思議な霊力を身につける、というものである。

この不思議な霊力こそが「超能力」であり、これを身につけるにはどこの山でもいいというものではなかった。この点、葛城山はぴったりの山だった。というのは、『日本書紀』や『風土記《ふどき》』によると、次のような話があるからである。はるか昔の神武天皇のときに、この地方には土蜘蛛《つちぐも》と呼ばれる人びとがいた。彼らは身長が低く、手足は長く、異人種とみられるほど特異な性格をもっていた。また呪術にすぐれていた。

土蜘蛛の話には、かなり誇張があるであろう。しかし葛城地方は古くから独自の文化が発達しており、新興の大和朝廷に頑強に抵抗したものと考えられている。なにか恐ろしげな山――こういう山こそ「超能力」を得るのに適していたのである。役小角はこの葛城山に登り、岩窟《がんくつ》に入り、葛《かずら》を衣とし、松を食物として、泉の水を浴びつつ、神々や仏に祈って修業したという。

この結果、役小角は「孔雀明王《くじやくみようおう》」の呪法《じゆほう》を身につけ、大変な「超能力」を得て、空は飛ぶし鬼神をこき使うしで、神々が迷惑したと『日本霊異記《にほんりよういき》』に記されている。「孔雀明王」の呪法というのは、一切の悪病、鬼神、怨敵《おんてき》、毒悪をとり除くことができ、空を自由に飛びまわることができ、鬼神を縛りつけることもできるといわれる呪法である。

こうして役小角は伝説上の人物となり、葛城山はますます恐ろしい山となり、「超能力」の山となった。体力旺盛な道鏡はこの山に入って、一般人にはとても不可能のような難行苦行を繰り返したのである。そしてとうとう「超能力」を身につけ、孝謙天皇の前に現れ、彼女の心身にわたる悩みを解決する。

道鏡の修行時代は、歴史的にみれば奈良時代の前半期にあたる。そのころ、政治社会ではどのような展開が示されていたのであろうか。そのなかで、孝謙天皇はいかなる悩みを抱えていたのであろうか。

孝謙天皇と奈良政界

奈良時代は、皇族と藤原氏とが争いつつ、交互に権力の座についていた時代である。この時代のはじめのころは、藤原不比等《ふひと》が朝廷の実権を握っていた。不比等は大化改新で中大兄皇子《なかのおおえのおうじ》（天智天皇）を助けて活躍した藤原鎌足の子である。その不比等が養老四年（七二〇）に亡くなると、天武天皇（天智天皇の弟）の孫の長屋王《ながやおう》が右大臣となって権力を握った。しかし長屋王は不比等の四人の子である藤原武智麻呂《むちまろ》・房前《ふささき》・宇合《うまかい》・麻呂《まろ》の結束の前に敗れ、天平元年（七二九）に反乱の汚名をきせられて自殺する。長屋王の変である。

この変ののちまもなく藤原氏の四人は、自分たちの妹で、当時の聖武《しょうむ》天皇の妃の一人である光明《こうみょう》子《し》を皇后の地位につけた。これは実は大変なことであった。皇后というのは、夫の天皇が亡くなったのち、自分が即位できる可能性をもっていたからである。推古・皇極（斉明）・持統・元明・元正など、そのころ女性の天皇は多かった。しかし彼女たちはすべて皇族出身である。したがってそれまでは、皇族以外の女性が皇后になったことはなかった。

藤原氏の四人の兄弟は、天皇家や他の貴族の大反対を強引に押しきり、光明子を皇族出身以外ではじめての皇后にしたのである。光明皇后であり、孝謙天皇の母である。

ところがこの四人兄弟は、天平九年（七三七）の疫病の流行によって全員が亡くなってしまう。そのあとは皇族の一人である橘諸兄《たちばなのもろえ》（葛城王）がうまくまとめ、政権を皇族の手にとり返した。彼は藤原氏とも協力しつつ、政治をすすめた。これに不満をいだいた宇合の子の広嗣《ひろつぐ》は、天平一二年に九州で反乱を起こしたが、力不足で敗れ去った。

他方、この時代は仏教が国家の安定のために利用された。聖武天皇は、政権争いや飢饉・疫病などがうち続く社会をしずめようと、国分寺建立の詔《みことのり》を出した。天平一三年（七四一）のことである。翌々年には東大寺大仏造立の詔を出している。

天平勝宝元年（七四九）、父の聖武天皇から位を譲られた阿倍内親王は孝謙天皇となった。政界では藤原仲麻呂（武智麻呂の子）が橘諸兄を圧迫していた。

天平勝宝八年、病気がちであった聖武上皇が亡くなり、翌年には橘諸兄も亡くなった。藤原仲麻呂は叔母である光明皇太后に気に入られ、孝謙天皇の支持も得て、聖武上皇の遺詔《いしょう》で決まっていた皇太子道祖王《ふなどおう》を廃し、大炊王《おおいおう》を皇太子とした。大炊王は、仲麻呂の亡くなった息子の妻を妃として、仲麻呂の屋敷に住んでいた。

天平宝字二年（七五八）、孝謙天皇は退位し、大炊王が即位して淳仁《じゅんにん》天皇となった。仲麻呂の後押しである。このころが仲麻呂の勢力の絶頂期であった。しかし光明皇太后が天平宝字四年に亡くなると、仲麻呂（恵美押勝と改名）の前途があやしくなってくる。孝謙上皇がしだいに独自の動きを示しはじめたからである。

このように見てくると、政権争いというのは、今も昔もすさまじいものだなと思う。並の神経の者ではとてもできない。孝謙上皇も、この争いのなかで心身を痛めつけられていたのであろう。このとき政界に現れたのが道鏡であった。

道鏡なしには一日もいられない

葛城山で修行した道鏡は、東大寺にいたこともあったらしい。そして、いかなる縁故によってか、宮廷の内道場に入ることになった。内道場というのは天皇家の私的な寺で、皇居のなかにある。ここに詰める僧は、経典に造詣の深いことはもちろん、病気をなおすなどの能力のあることが必要である。葛城山での難行苦行ののち、「超能力」を身につけていた道鏡にはぴったりの役割であった。

孝謙上皇は病気であった。誰にもなおせなかった。それを道鏡は「超能力」でみごとになおしてしまったのである。天平宝字六年（七六二）のことであった。

天皇の位をしりぞいた上皇とはいえ、実力者の女帝と「超能力」の奇僧の恋愛がはじまる。世の人の耳目を集めずにはおかなかった。しきりと噂がかけめぐるようになった。巨根で女帝を夢中にさせたか——後世の人間はおもしろおかしく想像した。

もっとも、よく調べてみると、上皇はこのときすでに四五歳、道鏡は恐らく五〇代のなかばすぎであった。当時の平均寿命の正確な数字は出ていないだろうが、まず四〇代の前半であろう。上皇も道鏡もやや年をとりすぎていたかもしれない。しかしそこが「超能力」の効果であろうか、それに男らしくさっぱりとして、豁達な人柄でもある道鏡に上皇の心は急速に傾き、道鏡なしには一日もいられない、という事態にたちいたった。

考えてみれば、上皇になるまでの孝謙は、藤原氏の勢力拡大の道具とされてきた。女性として異例の皇太子になり、天皇の位にもついたが、女性としての生活は完全に無視されてきた。この独身の孝謙上皇が、四〇代に入り、ともに実力者であった父聖武天皇、母光明皇后の亡きあと、しだいに自分の気持を表に出しはじめたとしても不思議はあるまい。恵美押勝（藤原仲麻呂）との仲がうんぬんされたこともある。しかし結局は押勝は従兄であり、幼なじみにすぎなかった。

この精神的に孤独な女性であった孝謙上皇が、心を通わし得る異性として発見したのが道鏡であった。道鏡は「超能力」で心の悩みも体の悩みもなおしてくれる。上皇にとって道鏡は、何物にも代えがたい宝となった。

さて淳仁天皇は、孝謙上皇に道鏡のことを悪くいった。多分、道鏡という競争相手の出現に緊張する押勝のさしがねであろう。告げ口をするあたり、今も昔もやり方は変わらない。しかし、男と女の仲がからめば、それは逆効果になることもある。仲を裂こうとすれば、逆に燃えあがる。

孝謙上皇は激怒した。だからいわないことではないといったところだろうか。上皇は多数の貴族を召集し、その面前で淳仁天皇を非難した。孝謙はいう。

――母の光明皇太后の命により、自分は女であるけれども聖武天皇のあとをうけて即位した。こうして政治をおこない、また次には今の天皇（淳仁）を立てた。ところが淳仁天皇は、自分にうやうやしく従うどころか、まるで仇《かたき》であるかのように、いうまじきことをいい、すまじきことをおこなっている。自分はそのように悪くいわれる覚えはない。淳仁天皇が単なる一皇族であったときに、そんなことがいえたであろうか。身のほどを知るがよい。

とはいっても、悪くいわれるのは自分の不徳のいたすところでもあるから、恥ずかしく思う。またこれは菩提心《ぼだいしん》を発する仏縁でもあると思うことにしよう。そこで出家することにする。ただし、常の行事や小事は天皇がおこなってもよいが、国家の大事と賞罰の二つは自分がおこなうことにする。

「国家の大事」と「賞罰」といえば、天皇の権力そのものであるし、これを失った淳仁天皇はもう何もできないに等しい。かくて孝謙上皇は天皇の大権を奪い返したのである。

孝謙上皇がこのように強くふるまい得たのは、客観的にみればそれなりの政治的理由がある。そのころ、天皇家と藤原氏両方の血をうけついでいるのは、孝謙上皇ただ一人だったのである。

前述したように、奈良時代の政界は、大きくみれば皇族と藤原氏のせめぎあいに終始している。両者の接点が孝謙であり、彼女を立てているかぎり両者の関係は一応安定している。このようにして四五歳の女性孝謙は、みずからの強い立場を覚ることになる。まさに女は強し、である、そうさせたのは、いうまでもなく道鏡であろう。

天平宝字八年（七六四）九月、淳仁天皇を押し立ててきた恵美押勝は、堪えきれずにクーデターを計画して失敗、近江国《おうみのくこ》で捕らえられ、斬罪に処せられた。これを藤原仲麻呂の乱という。淳仁天皇自身も乱の翌月に淡路国に流され、まもなく亡くなる。淡路廃帝といわれた。そして孝謙上皇はふたたび天皇の位につく。称徳天皇である。

天皇への道

天平宝字七年、道鏡は少僧都《しょうそうず》となった。僧侶としてかなりの高職である。翌年の藤原仲麻呂の乱のあとには、新設の大臣禅師という職についた。これは左大臣に相当するとされた。朝廷の官職は、一番上から順に、太政大臣・左大臣・右大臣・大納言……となる。道鏡は宗教界だけでなく世俗界をも席巻しはじめた。さらにその次の年の天平神護元年（七六五）、道鏡は太政大臣禅師となり、臣下で最高の職についた。まもなく右大臣藤原豊成が亡くなり、政界は道鏡の独り舞台となった。

僧侶の衣でヌッと朝廷に現れる道鏡を、貴族たちはしだいに不気味に思い出したに違いない。しかし称徳天皇がついているし、なにせ葛城山で鍛えあげた「超能力」を身につけている。抵抗はできない。それに自分たちだって「超能力」のおこぼれがほしい。いつの時代も変わらない人間の心理である。その心理が道鏡をさらに押しあげた。いや「超能力」で呼びこんだというべきだろうか。

天平神護二年（七六六）、基真という僧が隅寺という寺の毘沙門天像《びしやもんてんぞう》から仏舎利《ぶつしやり》を発見したと称徳女帝に報告してきた。女帝は大変喜び、各氏の容貌すぐれた者の五位以上二三人、六位以下一七七人を集め、美々《びび》しい行列を作ってその仏舎利を法華寺に奉納した。このときの女帝の詔は次のとおりであった。

――仏の御法は、至誠心をもって拝し尊び、まつれば必ずあらたかな霊験を現してくれる。いま、目の前に現れた釈迦如来の仏舎利は、ふだんみているものよりよほど美しく、円満な形をしている。このすばらしい霊験が出現したのは、大法師たちを率いている太政大臣禅師（道鏡）の教えのとおりに仏法を大切にしたからである。このうれしさを自分ひとりで独占してよいものか。太政大臣禅師に法王になってもらおう。

こうして道鏡は法王となった。法王などという地位は日本で他に例がないので私たちにはピンとこないが、要するに天皇と同格で、経済的には天皇と同じ待遇をあたえられる、というものであった。女帝と道鏡との愛はますます燃えあがる、といったところであろう。

女帝はすでに四九歳、当時としてはもう老境に入っている。しかし現在にあてはめてみれば、まだまだ元気盛んという人がいてもおかしくはない。それに僧侶は医者でもあるから、道鏡は二人のために若返りの薬を懸命に調合していたのかもしれない。

どんな場合もそうだと断定することはできないが、「男の論理」「女の論理」というものがある。まったく男女平等の社会ならともかく、男中心の社会なら、それとは異質な女の論理が存在するように思える。天皇の位を皇族に継がせていこうというのは、男の論理である。なぜなら「天皇家」というのは男の血筋でつながる家系だからである。

では、その場合の女の論理とはなにか。女の血筋でつながる家系を押し出すか、さもなければ家系を無視してしまうことである。称徳女帝は後者を選んだ。家系を無視し、愛する男に天皇の位を継がせてしまおうとしたのである。

このころ、朝廷の重大な懸案事項として、皇太子を決定しなければならないということがあった。道鏡が法王になった年には称徳女帝は四九歳、もう老年の域であり、それに実子がない。皇太子も決まっていない。これでは天皇に万一のことがあった場合、後継者争いがおこるのは目にみえている。皇太子を誰にするか。人々はひそひそと噂をしあった。皇太子の有力な候補を擁する集団では緊張が高まる。

三年後の神護景雲三年（七六九）五月、不破内親王とその息子の氷上《ひかみの》志計志麻呂《しけしまろ》のまじない事件なるものが発覚した。不破内親王は聖武天皇の娘で、母は県犬養広刀自《あがたいぬかいのひろとじ》、称徳天皇にとっては異母姉妹である。称徳天皇の最大の競争相手といえる。しかも息子をもっている。その息子は血筋からいっても、次の天皇に適当ではないか。ただし、内親王の夫は塩焼王といい、これは藤原仲麻呂の乱に巻きこまれて殺されている。

この不破内親王が、志計志麻呂を天皇の位につけようと画策し、まじないをしたという。これを非難した称徳天皇は、次のようにののしった。

——不破内親王（改名させて、厨《くりやの》真《ま》人《ひと》厨女《くりやめ》）らは、天皇を倒し国家を乱そうとした。志計志麻呂を天皇の位につけるため、恐れ多くも天皇の髪の毛を盗み、汚い佐保川の髑髏《どくろ》のなかに入れて皇居へもちこみ、まじないをすること三度におよんだ。

江戸時代でいえば、天皇を殺すためわら人形に五寸釘を打ちこむという話である。不破内親王側の呪術を、道鏡の超能力がどうはねかえすか、という筋書きとなる。当然のように不破内親王は敗れ、母子ともに死罪はまぬかれて京（奈良）を追い出された。しかしのちの道鏡失脚後、「厨真人厨女」が罪を許されて「不破内親王」に復しているところをみると、この事件は称徳天皇と道鏡側の陰謀だったようである。

宇佐八幡宮の神託

さて、この奇怪な事件がおきてまもなく、いよいよ道鏡が天皇の地位に接近する。それは、九州の宇佐八幡宮《うさはちまんぐう》の神託が、その神官の一人である中臣習宜阿曽麻呂《なかとみのすげあそまろ》によって朝廷にもたらされたことではじまる。その神託には、道鏡が天皇の位につけば天下は太平、とあったのである。

宇佐八幡宮は、豊前国《ぶぜんのくに》（現在の大分県）にあり、朝鮮半島からの渡来人系の神を祀るといわれている。この神は不可解で異様な力があると思われて大きな権威をもち、その神託は当時の日本人の精神界に隠然たる力があった。宇佐地方の不気味さは、先に述べた葛城地方の不気味さと共通するところがある。不気味さは、無条件で従わざるをえない権威ともなるのである。のちのことになるが、京都の石清水八幡宮《いわしみずはちまんぐう》や鎌倉の鶴岡八幡宮、および全国の八幡宮はすべて、この宇佐八幡宮を勧請した分かれなのである。

道鏡を天皇の位につけよだって？　「超能力」が皇位を呼びこんだか？　神託をうけた貴族たちは大いに動揺した。

よくよく考えてみると、そもそも当時の基本法典である大宝律令には、天皇の後継ぎについての規定はないのである。後継ぎが皇族であることはもちろんであり、大后（皇后）の子が即位するという慣例はあったが、それが誰になるかはそのときどきの事情によって決められてきた。その決定には、天皇の意志が大きくものをいう場合が多かった。称徳天皇についてもまたしかりである。

しかも、かつて藤原氏が即位の可能性が十分にある皇后の地位に光明子を送りこんでからは、皇族以外の者でも皇位にのぼれる望みをみいだし得る時代となっていた。称徳天皇は充実した人生をあたえてくれた道鏡を寵愛するあまり、道鏡を皇位につけようと考えるようになったのである。

もちろん、異例中の異例のことではあり、称徳天皇は自分の口からはいい出しにくかった。そこで道鏡即位を貴族はじめ内外の者たちを納得させるべく、異様な権威をもつ宇佐八幡宮の神託を利用したのである。いくら「超能力」者であるとはいっても、即位の話が出たときに道鏡はさすがに驚いたに違いない。しかし途中から道鏡はその気になり、まっしぐらに突き進む。称徳天皇は五二歳、道鏡はもう六〇代のなかば、いまやらねばもう「時」はあるまい。

道鏡の失脚

騒然とする貴族たちに駄目押しするべく、称徳女帝は和気清麻呂《わけのきよまろ》という人物を召し、次のように命じた。清麻呂は女帝が信頼する側近の法均尼《ほうきんに》（和気広虫《わけのひろむし》）の弟である。

——昨夜の夢に、宇佐八幡宮の使者が来て、八幡神が何か告げたいことがあるので法均尼をよこしてほしいという。清麻呂よ、お前がかわりにいってもらいたい。

一神官にしかすぎない中臣習宜阿曽麻呂の報告だけでは不足であるから、天皇の正式の使者が神託をうけに行くという形をとったのである。

儒学者の清麻呂は、清廉潔白の士として知られ、私利私欲のない人間として多くの人の信望を集めていた。その清麻呂が道鏡を即位させよという神託をもち帰ったならば、万人が認めざるを得ないだろうという計算であった。

彼は側近として日ごろ忠実に仕えてくれる広虫の弟であるから、その任務を拒否しないであろう。宇佐八幡宮においても、恐らく道鏡即位の神託がくだる手筈になっていた。すでにその気になっている道鏡は、九州へ出発しようとする清麻呂を呼びよせ、神託をうけて帰ってきたら、必ず高い官職につけてもらうと約束する。どちらかといえば、道鏡は単純な性格だったのである。

ところが、帰ってきた清麻呂がもたらした宇佐八幡宮の神託は、まったく意外な内容であった。

——我が日本は、その開闢《かいびゃく》のはじめから主君と家来とは別々に定められている。家来を主人にすることはいまだその例がない。天皇の位には必ず天皇家の者をつけよ。道はずれたおこないをしている者は、早く除くように。

「臣《しん》を以て君《くん》と為すことは、未だこれ有らざるなり。天《あま》つ日嗣《ひつぎ》は必ず皇儲《こうちょ》を立てよ」——この神託は、称徳女帝と道鏡に大きなショックをあたえた。

清麻呂は、じつは宇佐の地において神官たちと激しく争った。彼は、天皇は皇族から出るべきであるという自己の信念にもとづいて行動したのである。これは儒学の考え方である。主人は主人、家来は家来として体制を固め、安定を求めようという儒学から、好んで乱を起こすような考え方が生まれてくるわけはない。使者に清麻呂を選んだことが失敗のもとだったのである。

これでは天皇の位につくことはできない。怒った道鏡は、清麻呂を別部穢麻呂《わけべのきたなまろ》と改名させ、因幡国《いなばのくに》（現在の鳥取県）の定員外の国司に左遷することを決め、そうそうに追い出した。それでも沸きあがる怒りを押さえかねる道鏡と女帝とは、清麻呂が任地に行きつかないうちに、大隅国《おおすみのくに》（現在の鹿児島県）に流罪、と追いうちをかけたのである。

法均尼もただではすまない。よくもお前の弟は、というわけで、還俗のうえ和気狭虫《さむし》と改名させられ、備後国《びんごのくに》に流されてしまった。

しかし経過はどうあれ、いったん正式にくだった宇佐八幡宮の神託をくつがえすことはできない。それに「天つ日嗣は必ず皇儲を立てよ」との言葉に、女帝は天皇家の一員としての立場に引き戻された。

貴族たちの反対はわかっている。怒り狂った女帝も、もうどうしようもなかった。逆にそれゆえにこそ、女帝の道鏡への寵愛は以前にもましてはなはだしくなった。道鏡の郷里に由義宮を造営してこれを西の京としたり、彼の一族に大量に位をあたえたりしている。しかし、すべては終わったのである。

宇佐八幡宮の神託のあった翌年の宝亀元年（七七〇）八月、称徳女帝は病気のため亡くなった。五三歳であった。道鏡の「超能力」ももはやきかなかった。皇太子は未定のままであったが、かねてからひそかに準備を進めていた左大臣藤原永手《ながて》・参議藤原百川《ももかわ》以下の貴族は、天智天皇の孫で大納言の白壁王を立てて皇太子とした。白壁王はこのとき六一歳である。

続いて、称徳天皇の墓のもとで喪に服していた道鏡を、下野国《しもつけのくに》（現在の栃木県）の薬師寺に流してしまう。同年一〇月、白壁王が即位した。光仁天皇である。

一代の「超能力」の奇僧道鏡は、二年後の宝亀三年（七七二）、配所において亡くなった。「庶人《しょじん》」として葬られたと記録にあるのは、一切の高貴な身分を奪いとられてしまったという意味である。葛城山で難行苦行して得た「超能力」も、天皇の位の獲得まではできなかったということであろうか。

二　西　行——放浪五〇年、桜のなかの死

西行死去の「ニュース」

西行は世を捨て、歌に生きた放浪の僧として知られている。彼が作った歌でもっとも有名なもののひとつは、次の歌であろう。

ねがはくは　花のしたにて　春死なむ
　そのきさらぎの　望月のころ

「できるならば、春に爛漫《らんまん》と咲く桜の木の下で死にたいものだ。その桜の季節の二月の満月のころに」。

「花」とは、桜の花のことである。桜や春や満月など、日本人が好ましく、またなつかしく思うもので構成されたこの歌は、長い間人びとの口にのぼってきた。

おだやかに、自然のなかに帰るように、満月の桜の花のなかで死にたいという内容は、日本人の気持を引きつけてやまないものがある。現代であっても、このストレスの多い社会で身をすりへらして働かされつづけるより、自由な西行の生き方がうらやましいと思う人が多いはずである。

しかも昔の人がさらにうらやましがったのは、西行はこの歌に示された希望どおり、きさらぎに亡くなったことである。正確には建久元年（一一九〇）二月一六日である。当時は陰暦であるから、今日の暦になおしてみると、三月下旬から四月上旬にあたる。なんと桜の花咲く季節であった。西行は歌のとおりに、桜の花の散るなかで亡くなった。この「ニュース」が、そのころの歌人・文化人の間を駆けめぐった。こうして一躍、彼は伝説上の人物にまつりあげられ、西行についての伝記や挿話など、数多くが語り残されることになった。

もう一首、西行の歌をあげておこう。

もろともに　われをも具して　散りね花
　憂き世をいとふ　心ある身ぞ

「散るというのであったら、この世の中に憂《うれ》いをもっている私もともなって散ってほしい」。

もちろん、西行の流浪の毎日が充実していたとばかりはいえない。いろいろ苦労もあったに違いない。しかし、そんなことは誰にでもわかっている。それでもなおかつ西行に魅力を感じるのは、いわば達成されることのない幻の理想を追い続けた人物だからであろう。西行の理想とは、よい歌を作るために、俗世間のしがらみから解放された自由な状態を得ることであった。孤独といいかえてもよい。しかもそれは、俗世間のすぐ隣りにいる孤独である。

理想は達成されたほうがよいに決まっていると思いつつ、私たちは、それが達成できずに苦闘する人に引きつけられることがある。それは私たちが、人生においては達成できないことばかりが多いことをよく知っているからであろう。達成できないからこそ、目標にむかって必死に努力する人たちに気持が吸いよせられるのである。

西行についても同じことである。苦闘する西行をみつめつつ、しかもその西行が人生の最後に穏やかな「目標」の達成を迎えたことに、私たちはほっとする。桜の花の下での彼の臨終のことである。

歌と放浪の生涯

西行が活躍した時代は古代から中世への転換期であった。彼は元永元年（一一一八）に生まれ、建久元年（一一九〇）に七三歳で亡くなっている。二三歳のときに出家しているから、五〇年間の放浪生活でもある。平均寿命が四〇歳余りの当時においては、かなりの長生きであり、その平均寿命を超えて歌僧としての生き方をつらぬいたのである。彼が生きた時代の前半はまだ穏やかな社会であったが、その後半は激動の時代であった。

保元元年（一一五六）の保元の乱、平治元年（一一五九）の平治の乱にはじまって、平清盛の全盛期二〇年間、源頼朝の挙兵に続く五年間の源平の争い、平氏の全滅へと続く。社会は乱れ、多くの人びとが殺された。

少なくとも平安時代の四〇〇年間近く、朝廷では死刑がおこなわれなかった。その意味では穏やかな時代がほんとうに長い間続いたのである。しかし保元・平治の乱以降、殺しあいの目立つ激動の時代に一挙に入り、人間の醜い面もさらけだされることになった。これは単に戦争や死刑だけの問題ではない。社会の仕組み自体が大きく変わろうとしていたのである。いかに生きるかで悩む人は多かった。思いきって俗世間を捨てることにより、自分を別の世界に生かそうと試みる人もふえた。

西行が生きたのはこのような時代であった。自分を生かすための孤独を求めて出家し、歌と放浪に生きたといえば、心やさしい人間性が思い浮かぶであろう。しかしまた一方では、単純にそれだけではあるまい、強い意志の持ち主でなければ、数十年間の放浪生活には耐えられまいという気もする。確かに西行はがんこで偏屈な人間という一面もあった。それはまず西行の出家の様子に表れている。

西行は、もとは佐藤義清《のりきよ》といい、朝廷に仕える身分のあまり高くない貴族であった。官職は左衛《さえ》門尉《もんのじょう》である。これは皇居を守る役のひとつであり、左衛門府の第三等官である。したがって貴族とはいっても、西行の職は武官であった。そしてこの職は、西行が親子代々受け継いでいるものであった。

西行の先祖は藤原氏の一族で、平将門《たいらのまさかど》を討ち滅ぼした田原藤太秀郷《たわらとうたひでさと》であったという。秀郷は、下野国《しもつけのくに》（現在の栃木県）に住んでいたが、その子孫のひとりが朝廷に仕え、武官としての役割をになったのである。「武勇の家」というのが西行の家代々の誇りであった。

実際、西行自身もすぐれた勇者として知られていた。しかも経済的に豊かであり、そのころの朝廷の権力者であった鳥羽上皇の信任も厚く、将来を期待されていた。

現在からみれば、西行が誰の子孫であろうとたいした問題ではない。しかし当時においては、彼が「田原藤太」の子孫というだけで世間のみる目が違っていたのである。それに加えて鳥羽上皇の信任の厚さがある。さらにいえば、西行は徳大寺家という有力な貴族の保護もうけていた。そのころ身分のあまり高くない貴族たちは、有力な貴族に仕え、その保護をうける習慣があった。西行は同じ藤原氏ではあるが、身分が一段と高い徳大寺家のために働いていたのである。

西行の母は源清経の女《むすめ》という。清経は今様《いまよう》と蹴鞠《けまり》の名人であった。今様というのは、その当時の流行歌のことである。早い話、清経は遊び人であったようである。西行が歌に優れていたのは、この祖父清経の血を引いていたからであるという見方もできる。

西行はなぜ出家したか

このようなエリート武士西行が、保延六年（一一四〇）二三歳のときに突然出家したことについては、周囲の者の多くが疑問をもった。左大臣藤原頼長の日記『台記』に、「家は豊かであるし、年はまだ若い。それに心にも憂いがない様子なのに、とうとう出家してしまった」と記されている。これがそのころの周囲の人たちの気持を代弁している。

西行の出家の理由については、三つの説がある。第一の説は、もともと仏教に深い関心があり、出家したいと願っていたからである、というものである。第二の説は、朝廷のなかの政治的な争いに嫌気がさして、という説である。そのころの朝廷の実力者は、院政をおこなっていた鳥羽上皇である。

そのもとでの天皇は崇徳《すとく》天皇であった。

系図上では崇徳天皇は鳥羽上皇の子であるけれど、実際は鳥羽上皇の祖父である白河天皇の子である。鳥羽上皇からみれば、崇徳天皇は自分の叔父《おじ》である。そこで鳥羽上皇は崇徳天皇のことを「叔父子」と呼んで冷たくあたっていたという。永治元年（一一四一）、とうとう鳥羽上皇は崇徳天皇を退位させ、その弟の近衛天皇を即位させる、という状況になった。

西行が出家したのは保延六年であるから、崇徳天皇退位の前の年である。政治的な争いに嫌気がさして出家したとはいっても、その争いからスルリと逃げ出したという感じである。そこでこの第二の説は何か割りきれない感じもする。しかし頑固な一面をもち合わせていた西行であってみれば、出家したいと思ったならば、矢も盾もたまらなかったのかもしれない。

第三の説は、さる高貴な女性に恋をし、それがかなわなかったために世をはかなんで出家した、というものである。出家したのちも恋の多い西行であったようなので、この説は現代にいたるまでかなり広く信じられている。ただ、その相手の名前ははっきりしていない。

直接の恋愛の対象ではないらしいが、当時絶世の美女といわれた鳥羽天皇の妃待賢門院《たいけんもんいん》の悲運に同情して世をはかなんだ、という考え方もある。待賢門院は徳大寺家の出身であるかち、西行がその運命を心から心配したのも無理はない。もっとも、待賢門院は西行より一七歳の年長であったから、おそらく恋愛の対象ではなかったであろう。

俗世間のすぐ隣りの孤独

いずれにしても出家の決心をし、鳥羽上皇にそのあいさつをして家に帰ってきてから、世によく知られた次のような話がある。西行が娘を縁側から蹴落《けお》とした話である。

西行は出家の意志を妻に伝えようとして帰ってくる。すると彼の四歳になる娘が喜んで縁側に出てきて（そのころ家の構造としてまだ玄関はない。外からは縁側を踏んでいきなり部屋に入る）、西行のたもとにとりすがった。父がかわいがってくれるのは娘にもわかっている。しかしここで娘を抱きあげたのでは決心がにぶる。かといって、娘はかわいい……。

四歳といえば、反抗期に入る直前の、ただひたすら父親を慕《した》うころである。男親にとって、その娘は何ものにも代えがたい。せっぱつまった西行は、夢中で足をあげて、娘を縁側から地面へ蹴落とした。彼は娘を捨て、出家をとったのである。しかも娘への恩愛は、このようにしなければ切り離せないものであった。

「ワッ」と泣く娘の声を背に家のなかに入った西行は、妻を説得にかかる。しかし妻はただ泣くばかりであった。夜半、いつまで話をしていても仕方がないと、西行は家を出てしまう。陰暦で一〇月一五日の夜、月の明るい晩であったという。また別の説では、妻は気丈《きじょう》で、西行の出家の志を励ましたという。これは少しあとの時代にできた説のようである。

西行には当時八歳の息子隆聖がいた。しかしこの出家の場面には何らの役割もはたしていない。西行にとって切り離すべき恩愛は、妻でもなければ息子でもなく、四歳の娘であったというのは興味深いことである。

この話には後日談がある。西行は娘を弟の佐藤仲清に預けた。出家はしたけれど、それでも西行はその娘が忘れられず、こっそりと会いにいった。二年後のことである。しかし庭で遊んでいた娘は西行の顔を忘れており、恐がって家のなかに逃げこんでしまう。西行は落胆したけれど、彼の自業自得である。

また十余年ののち、西行は尼となっていた妻と大和国《やまとのくに》の長谷寺で再会した。妻は昔の夫の仕打ちを恨《うら》んでおらず、心静かに暮らしていると告げる。二人はまた会うことを約束して別れた。

成人した娘は、意に反してさる貴族の女性の侍女にさせられそうになった。これを聞いた西行は、名を隠して娘に会いに行く。なんとか助けようというのである。娘は今度は西行を一目で父と見破り、手に手をとり合って泣く。そして父の勧めにしたがって尼となり、母のもとへとおもむくのである。ところで、出家にあたって四歳の娘にこのように執着すること自体、西行のその後の出家生活の不安定さを予告しているようにみえる。それは西行がなぜ出家したのかということと大いに関わっている。

正確な事情はともかく、西行はそのまま俗世で生活し続けることに対する不安からのがれようとしたと思われる。俗人のままでいれば、なにものにも束縛されないで歌を作る理想的な生活ができないのではないか。出家することによって孤独となり、純粋に自由な作歌活動ができるのではないか。彼はこのように考えたに違いない。出家を思い立ったころ、彼は次のような歌を詠んだ。

そらになる　心は春の　かすみにて
　世にあらじとも　思ひ立つかな

「俗人でいるかぎり、不安で何も手につかないけれど、出家を決心した私の心は春霞のように仏道の世界へ昇っていく」。

ところがいざ出家をしてみると、その瞬間からまた不安が生じた。なかなか心の平安は目の前にはやってこない。それはそうであろう。彼の出家は、俗世間のすぐ隣りで暮らすための手段だったからである。彼の心は依然として俗世間にむいている。

こうして出家はしたけれど、都と今までの交友関係を保ちつつ、都のはずれを転々とする日々が続く。

仏道修行としての歌

出家したからには西行の生活の第一は、仏道の修行である。法名は円位で、大本房あるいは大法房という号ももっている。出家直後には東山のふもとの長楽寺や双林寺、あるいは鞍馬寺《くらまでら》で修行した。そののちは嵯峨《さが》にある真言宗の法輪寺、続いては興福寺・仁和寺《にんなじ》・醍醐寺《だいごじ》さらには熊野、高野山でも修行した。

修業をはじめたばかりのころの鞍馬山の冬のある日、筧《かけひ》の水が凍って流れてこなかった。そしてこれは春まで続くと聞かされて、西行は気が滅入る。

わりなしや　氷る筧の　水ゆゑに
　思ひ捨ててし　春の待たるる

「私は決心して鞍馬の山に籠ったのであった。しかし筧の水も凍るような厳しい寒さに出会ってみると、捨ててきたはずの春の暖かさが待たれる」。

西行は真剣だったのだろうが、どこか滑稽《こっけい》なおかしさがある。そういえば、西行が大峰山で修行したときの次のような話がある。

西行は大峰山で山伏の修行をしたいと長い間思っていたが、山伏の礼法をよく知らないのでためっていた。ところが、大峰山の山伏の先達である宗南坊僧都行宗がこのことを聞き、「そんなことはたいした問題ではないですよ。修行しようという気持さえあれば結構ですよ」というので、西行は喜んで大峰山修行に参加した。

ところが、実際は話とは大違いであった。行宗は山伏の礼法を西行に厳しく叩きこみ、他の人よりもよけいに痛めつけた。西行は、「私は大峰山で修行して有名になりたい、というわけではない。ただ仏道のためと思って来たのに、こんな傲慢な先達であったとは知らず、心身を苦しめられることは悔しい」とさめざめと泣いたという。『古今著聞集《ここんちょもんじゅう》』にみえる話である。気の強い者同士がぶつかり合い、弱い立場の西行がさめざめと泣いたというのが、これまた滑稽である。しかしこの滑稽味があるからこそ、西行が後世の人びとに愛されているということもある。

西行に優れた和歌を作る能力があるということは、誰もが認めることである。西行にとって、歌は心のなかの深い悩みを表現する方法である。そしてまた、歌を詠むことによってその悩みは昇華され、不透明な悩みの世界から澄んだ悟りの世界が開けてくる。もちろん、すぐまた悩みの世界に落ちこんでいる自分に気づくのではあるが。

西行にとって、和歌を詠むことは仏道修行の方法のひとつでもあった。彼は、仏堂の周囲の縁側や廊下を歩きながら、思い浮かんだ詩句を声に出して歌を作った。

あるとき上皇の御所で、老人と若手に分かれて勝負を競う歌会があった。「西行を外に出すな。閉じこめておいて歌を詠ませよ」と上皇がおっしゃったため、西行はよい歌が作れなかった、という話もある。『愚秘抄』にみえる話である。必ずしも信用できる逸話ではないが、西行の作歌の様子をしのばせておもしろい。

『正徹物語』によると、西行は北むきの戸を細めに開け、月をみながら歌を詠むこともあったという。月は西行の心を澄ませる自然の象徴である。彼は自然に相対して心を磨きながら歌を詠み、さらにまた心を磨いていったのである。『西行上人談抄』に「歌を詠む時には常に心が澄むので悪念がなくなる。来世のことを思う心もいっそう進む」とみえている。

和歌つねに心澄む故に悪念なくて、後世を思ふもその心すすむ

というその文章は、まさに仏道修行と詠歌との関係についての西行の気持をよく表現している。

それにしても、西行は生まれながらにして歌人としての能力を備えていた。鎌倉時代の第一級の歌人のひとりである後鳥羽上皇は、西行を「生得の歌人」と評した。生まれながらの歌人という意味である。西行の歌はおもしろく、趣も深く、凡庸な歌人がとてもまねできるものではない——このようにも後鳥羽上皇は西行をほめあげた。

ところで、俗人であったころの西行に悲恋があったことは確からしい。そして出家後もいろいろな恋をしていたことも推測される。そのときの歌のひとつに次の歌がある。

月見ばと　契《ちぎ》りおきてし　ふるさとの
　ひともやこよひ　袖ぬらすらむ

「月を一緒にみようと約束しておいた故郷の人は、それを果たせず旅の空にいる私を思ってきっと涙を流していることだろう」。

さらに、次のようなすさまじい歌もある。

あはれあはれ　この世はよしや　さもあらばあれ
　来む世もかくや　苦しかるべき

「ああなんということだ。今の世の中でこの恋に苦しむのは仕方がないとして、来世でもこの苦し

さが続くと思われるのは」。

それでも西行は新しい恋を求めて放浪するという生活を続けていた。いつか苦しくない、すばらしい恋が得られると思う気持を捨てきれなかった。

各地への旅

西行は、京都のまわりだけをうろうろしていたのではない。仁安三年（一一六八）、彼は京都を出発して四国におもむいた。五一歳のときである。このたびの目的は、四国に流され、その地で亡くなった崇徳《すとく》上皇の霊を慰めることであり、真言宗の祖である弘法大師の跡を訪れることでもあった。

崇徳上皇は保元の乱（一一五六）で敗れ、讃岐国《さぬきのくに》松山に流されてから八年目の長寛二年（一一六四）に四六歳で亡くなっていた。この不運な上皇は激しく世を恨んでおり、天狗の姿となって国家を滅ぼす誓いを立てた、と噂《うわさ》された。そして世のなかの人びとは、上皇の怨霊《おんりよう》が祟《たた》りをなしていると恐れていた。

前述したように、崇徳上皇は徳大寺家出身の待賢門院の子であり、西行は大いに親しみを感じていた。年齢からいえば西行が一歳の年長である。政治的には西行は崇徳上皇と親しいだけでなく、その対立関係にあった鳥羽上皇とも親しかった。そのため西行は、崇徳上皇に政治的な立場から同情していたわけではない。ただ個人的な関係から上皇の悲運をともに悲しんでいたのである。

上皇の生前、西行は四国に行くことはなかったが、上皇のおつきの女官との間に歌をとりかわしている。上皇との間に心の通いあいはあるが、政治的な関わりあいをあらかじめ拒否した、ということであろう。

上皇が亡くなって四年後、西行は松山の上皇の墓に参詣した。そのときの歌に次のようなものがある。

よしや君　昔の玉の　ゆかとても
　かからん後は　何にかはせん

「あなた様が、かりに昔に玉の床があるようなすばらしい屋敷に住んでいらっしゃったとしても、このように亡くなられてしまった後では何の意味がありましょうか」。

四国から帰ったのち西行は京都に住み、やがて高野山に移り、六三歳の時に伊勢国に居を移した。

旅が生んだ名歌

文治二年（一一八六）、六九歳の西行は奥州平泉への旅に出た。彼が奥州へ出かけたのはこのときがはじめてではない。二〇代の終わりころにも、はじめての遠方への旅として出かけている。恐らく、和歌で知られた在原業平《ありわらのなりひら》や、僧能因《のういん》の東下《あずまくだ》りの跡を慕う思いからであったろう。また、関東や奥州は自分の父祖の地であり、同族が勢力を張っている地域でもある。そのことに対する親近感からでもあったと考えられる。

今回の文治二年の奥州への旅は、東大寺の再建のための寄付を平泉の藤原秀衡《ひでひら》に依頼するためであった。五年間続いた源平の戦いは前年の文治元年に終わりを告げていた。鎌倉の源頼朝は、武家の政府の指導者として、強い指導力を発揮しはじめていた。このなかで、治承四年（一一八〇）に平重衡《しげひら》の焼き討ちによって被害をうけた奈良の寺々の復興がはじまっていた。

その寺のひとつ、国家の寺である東大寺を、朝廷から依頼された重源《ちょうげん》が復興にあたっていた。この年、たまたま伊勢国に滞在していた西行は、東大寺復興の祈願に伊勢神宮に参詣しにきた重源に頼まれ、同族のよしみで藤原秀衡に寄付を求めることになったのである。

奥州への旅の途中、西行は鎌倉で源頼朝に出会った。『吾妻鏡《あずまかがみ》』によると、頼朝が鶴岡八幡宮に参詣したとき、一人の年とった僧が鳥居のあたりをうろついていた。家来に名前を聞かせたところ、もと鳥羽上皇に仕えた武勇の士である佐藤義清、出家して西行ということがわかった。頼朝は西行のことを噂に聞いていたため、喜んで屋敷に迎え、夜を徹して話をした。

このとき頼朝は西行に、弓馬のことと詠歌について尋ねた。弓馬のことというのは弓を使う技術と馬を乗りこなす技術であり、いわば武士の表芸である。西行は、弓馬のことはみな忘れてしまったと答え、詠歌のことについても詳しいことはまったくわかりませんと答えたという。

しかしそれでも頼朝の熱心な質問に、西行はいろいろと答えたようである。翌朝別れを告げる西行に対し、頼朝は銀づくりの猫をあたえている。ところが西行はこの猫を近くで遊ぶ子どもにあたえてしまった、と伝えられている。

頼朝との対面で、西行がとった態度にはもうひとつ理解しがたいところがある。頼朝に会うのがいやなら、鶴岡八幡宮で出くわさないようにすればいいのであるし、出会ったとしてもさっさと別れればよいはずである。当時の政治的状況からして、藤原秀衡から寄付をもらうとすれば、頼朝の了解を求めておいたほうがよい――そうした判断のうえでの頼朝への面会だったとすれば、西行の態度はそっけなさすぎるのである。

この旅で、西行が藤原秀衡から寄付を得ることに成功したかどうか、結果はわかっていない。しかし、この旅からいくつかの名歌が生まれたことが知られている。そのひとつ。

風になびく　富士のけぶりの　空に消えて
　行方も知らぬ　わが思ひかな

「富士山の煙は風になびいて空に消えていく。私の思いもそのように行方が知れない」。西行はこの歌を「第一の自讃歌」と語っていた、という。自分がもっとも感動している歌、という意味である。

希望どおりの死

建久元年（一一九〇）二月一六日、西行は河内国の弘川寺で亡くなった。現在の大阪府南河内郡河南町である。弘川寺は真言宗の寺である。西行はいつから弘川寺に滞在していたか不明であるけれど、前年の八月からこの寺で重い病気で臥《ふ》せっていたことはわかっている。西行はそのまま年を越して、とうとうそこで亡くなったのである。

二月一六日は、すでに述べたように今日の太陽暦では三月の下旬から四月の上旬にあたり、夜は満月であった。河内国では桜が咲きはじめるころである。俗世間の隣りにいる孤独と、そのうえでの自由な作歌活動を求めた放浪の生活は五〇年にもおよび、長く苦しかったものの、最後には希望どおりの臨終を迎えることができた。その意味では西行の一生は、成功に終わったといってもよいであろう。生きているうちははてしのない幻、得ることのできない成果を追いかけていたといってもよい。しかし、その臨終が感動的であったことにより、世の人びとに大きな好意的な衝撃をあたえた。彼の一生は報いられたのである。鎌倉時代の代表的な歌人である藤原俊成は『長秋詠藻』で次のように述べて感動を表している。

西行上人は桜の歌をたくさん詠んだが、特に「ねがはくは花のしたにて春死なむそのきさらぎの望月のころ」の歌がすばらしいと思っていたところ、ほんとうに如月一六日の満月の日に臨終を迎えた。大変趣が深く、ありがたく思われて次の歌を作った。

「ねがひおきし花の下にて終はりけり蓮《はちす》のうへもたがはざるらん（前からの願いどおりに、西行上人は桜の花の下で亡くなった。極楽浄土の蓮の花のうえに生まれ変わりたいという希望もきっと叶うであろう）」

三　文　覚——生まれついての反逆児

仏法興隆に賭ける

文覚は、権力者に対し、一生の間反逆をし続けた僧として知られている。その六五年の人生は、苦労の連続であったと想像できるが、しかし一面では何ものにもとらわれず、「気分のよい」一生であったとも考えることができよう。

普通の人ではとてもこうはいかない。家族のなか、親戚のなか、そしてまた社会のなかで気をつかって生きていくのが普通である。少年少女のころは親に反抗し、学校に抵抗したとしても、社会に出ると大きな壁にぶつかり、しだいに静かになっていくのが一般である。もしそこで周囲に不満をもち続け、それをぶつけ続ければ、一時的には気分がよくても、やがては破滅するのが目にみえている。

人間は一人一人で生きることができるのではなく、皆で協力しなければ全体として生きていくことができない。その意味で、人間は社会的存在である。「人間」という文字は「人の間」と書くから、このことばそのものが人間は一人では生きられないということを語っている。

しかし、性格も違えば育った環境も違う人同士が協調するのはたやすいことではない。ストレスがたまる。そこで私たちは、どんな困難にもめげず、協調を頭におかず、弾圧されても自分の意志を貫こうとする人間に魅力を感じ、喝采を送ることになる。自分がはたせない夢を実現してくれるようにみえるからである。それはストレスの解消にもなる。

歴史上にそのような人物を求めた場合、平安時代末から鎌倉時代はじめにかけて活躍した、文覚がその第一人者であろう。平清盛・後白河法皇・源頼朝らに反逆しつつ、仏法興隆のために一生を賭けた僧であった。

文覚はまた袈裟御前《けさごぜん》との話でも有名である。彼はもと北面の武士であった。しかし友人の妻袈裟御前に恋を仕かけ、誤って殺してしまう。これを悔いて出家した、という話であり、『源平盛衰記』にみえる。森鷗外の小説「袈裟と盛遠」は、この『源平盛衰記』をもとにしている。もともとの性格もあったろうが、この衝撃的な出家の原因が、文覚の反逆の人生につながっているとも思われる。

反逆の精神は、努力だけで保てるものではない。生まれつきの性格が大きく影響していよう。その意味でいえば、それは単なる協調性のなさといってしまうこともできる。他人や社会に反逆する気分のよさも間違いなくあるだろう。しかしこれは身の破滅につながっていくことも確かである。文覚も、ついには破滅する。

袈裟御前への悲恋

文覚は保延五年（一一三九）に生まれた。出身は摂津国《せっつのくに》の渡辺党に属する遠藤氏で、俗名を遠藤武《む》者所《しゃどころ》盛遠といい、父の名は遠藤左近将監茂遠である。渡辺党というのは、渡辺を名のり、その多くは名前が漢字一文字であることで知られている。たとえば、源《みなもとの》頼光《らいこう》に従って大江山の酒呑童子《しゅてんどうじ》を滅ぼした渡辺綱《わたなべのつな》はその一人である。盛遠の系統はその先祖の遠藤為方以来、理由は不明ながら、名前は例外的な二文字である。

文覚は鳥羽天皇の皇女上西門院に仕える武士であった。前章の西行の俗人のときと同じ立場である。もっとも、西行の方が身分が上であったが。文覚は北面の武士の詰所に通う毎日であった。この詰所のことを武者所という。そこで文覚の俗名を遠藤武者所盛遠、略して武者盛遠というのである。

文覚の思いこんだら命がけという性格は、いつごろからあらわになっていたのかはわからないが、この時代の武士の性格の一面を示している。出家するまでの文覚は、武士としての技術を磨く日々であった。

『源平盛衰記』にみえる袈裟と文覚の話は、以下のとおりである。小説「袈裟と盛遠」とは細部で話が異なっている。

文覚には叔母があった。昔奥州衣川《ころもがわ》に住んでいたことがあったので、「衣川殿」といわれていた。娘が一人あり、名を「あとま」といったが、「衣」川の娘であるので「袈裟」と呼ばれていた。たいそうな美人であったという。

一四歳の年に、多くの求婚者の中から選んだ源《みなもとの》左衛門《さえもんの》尉《じょう》渡《わたる》と結婚した。一六歳のとき、渡辺での橋供養があって、多くの人とともに出席をする。一方、このとき一七歳の文覚も同じ供養の会に出席していた。

文覚は、女性たちのなかからたいそう美しい人をみつけ、帰るあとをつけてみると源渡の家に入った。これがあの有名な袈裟かと思った文覚は、彼女に強い恋心をいだいてしまった。春の末から秋のなかばまで、寝ても醒めても袈裟のことを思い続け、とうとう衣川殿のもとへ押しかけて、いきなり刀を抜いてこの叔母を殺そうとした。

驚いた衣川殿が訳を聞くと、何年か前に袈裟を妻に欲しいと申し入れたのに、承知してくれなかった。いま私は袈裟に恋い焦がれ、蟬の脱け殻のようになって死のうとしている。このようにした叔母は仇《かたき》だ。同じ死ぬなら仇と一緒に死んでしまおうと思っている、という。

衣川殿は、袈裟を必ずこの屋敷に呼び寄せると約束し、命を助けてもらう。知らせを受けた袈裟は、衣川の屋敷に来たけれど、訳を聞いてこちらも困惑する。しかし叔母の命には代えられないと、その夜、文覚を迎えて契《ちぎ》りをかわした。翌朝、袈裟はこうなったら夫の渡を殺してほしい、手筈はこれこれこうと文覚に教えた。

喜んだ文覚は、次の夜、手筈どおりに渡の部屋に忍びこみ、眠っている渡の首を切る。布に包んだ首とともに、家へ帰って意気揚々としていると、文覚の家来の一人が走りこんできて、何者かが袈裟の首を切ったと告げる。驚いた文覚が布を開いてみると、それは袈裟の首であった。

穴無慙《あなむざん》や、此の女房が夫の命に代りけるこそと思ひて、首を取出して見れば女房の首なり。一目見るより倒れ伏し、音《こえ》も惜まず叫《さけび》けり。

女房（袈裟）が夫の身代わりになったのである。動転した文覚は渡の家を訪れ、あなたの妻の仇を連れてきた、まずこれをみてほしい、と袈裟の首を差し出す。そして自分の刀を渡し、自害したいと思ったけれども、同じことならばあなたに殺してもらおうと思うという。

しかし渡は、このように後悔している人の首を切ることはできないし、自殺したところで何のかいもないという。妻の袈裟は観音の生まれ代わりで、私たちに仏道修行の心を起こさせようとしたと思うべきであろう。私もあなたも亡くなった人の後世を弔おうではないかと勧め、真っ先にもとどりを切って出家した。文覚は、これをみて渡を七度拝み、これも髪を切って出家した。叔母の衣川殿も出家し、翌年極楽往生したという。

文覚は三年の間袈裟のために念仏を唱え続けた。その後の夢に袈裟が極楽浄土の蓮の花の上に座っているのをみて喜び、以後各地を修行してまわり、すぐれた僧になった。このように『源平盛衰記』は伝える。

もちろん『源平盛衰記』が伝えるこの話が、どこまで歴史的な事実か疑問はあるが、文覚が直情の人であることは十分に読みとれるであろう。

不敵第一の荒聖

『平家物語』によると、文覚が出家したのは一九歳のときであった。彼は荒行《あらぎょう》とは何か、試してみようとした。七月から八月にかけての猛暑のなか、風がそよとも動かない日に山の藪のなかに入り、仰向けに横になり、七日間そのままでいた。虻や蚊や蜂や蟻あるいは毒虫などが、体中にとりついて刺したり咬《か》んだりしたけれど、少しも体を動かさなかった。

八日目に起きあがり、「出家の修行というのはこんなことか」と人に聞くと、相手はびっくりして「そんなことをやっていたのでは死んでしまう」と答えたので、「それでは修行などたやすいものだ」というわけで、文覚は本格的な修行に出発することにした。

熊野へ行って那智《なち》の滝に打たれる修行をしようとすると、旧暦の一二月中旬のことだったので、雪が降り積もり、氷柱が垂れさがり、谷の小川も凍って音もしなかった。文覚は峰を吹く冷えきった風のなかで滝壺におり、首まで漬《つ》かって呪文を唱えていた。

二、三日は、そのままでいたが、四、五日過ぎると、とうとう冷たさにこらえきれなくなって浮かびあがり、そこここに尖《とが》った岩があるなかを五〇〇～六〇〇メートルも下流に押し流されてしまった。そこでやっと助けあげられ、焚火《たきび》で暖められて息を吹き返した

ほっとする人びとにむかい、文覚は目を怒らせて「私は二一日間この滝に打たれて呪文を唱えようという大願を立てたのだ。それなのにまだ今日はたった五日目だ。いったいだれが私をここへ連れて

きたのだ」と怒鳴ったので、まわりの人たちは身の毛がよだち、何もいうことができなかった。文覚はまた滝壺へ入って修行を続けたという。

『平家物語』によると、半死半生で呪文を唱え続ける文覚に対し、矜迦羅《こんがら》・制多迦《せいたか》の二人をはじめとする、不動明王の使者八人の童子が助けた。文覚は夢うつつのなかに、都率天《とそつてん》にいる不動明王が自分を見守ってくれることを知り、これを崇拝し、風も水も温かく感じるようになって二一日間の大願をとげることができた、と伝えられている。

このの ち那智の神社に千日間籠り、大峰山・葛城山・高野山・立山・白山・富士山・箱根山・戸隠山・羽黒山その他日本中の山々で修行した。

そのうちに故郷が恋しくなったのか、都へ帰ってくると、「飛鳥も祈落す程の、やいばの験者（飛んでいる鳥をも祈り落とすほど鋭い効果を現す修験者）」と評判になった。また本来の性格ともあわせて、「不敵第一の荒聖《あらひじり》」として恐れられた。

後白河法皇と渡り合う

文覚は京都・高雄山の山奥で暮らしはじめた。高雄山には神護寺《じんごじ》という空海ゆかりの寺があった。しかし荒れに荒れていた。これをみた文覚は神護寺を復興する決心をした。仁安三年（一一六八）、文覚が三〇歳のときのことである。

文覚は多くの寺や山で荒行を積んだが、特に真言宗関係の寺々が多かった。文覚が神護寺の荒廃に衝撃をうけたのは、彼のこのような修行歴によるものであろう。

そしてまた、文覚は神護寺の復興が日本の仏法の発展につながると考え、以後これが彼の一生を通じての仕事となった。しかも文覚は、仏法は単独で存在するのではなく、王法と密接な関係にあるものであると考えていた。王法とは朝廷の力であり、具体的には当時の朝廷の第一の実力者である後白河法皇のことである。

「仏法は王法によって広まり、王法は仏法によって保つ」、これが文覚の考え方であり、同時に当時の貴族たち、僧侶たちの一般的な考え方でもあった。したがって、後白河法皇の保護なしには神護寺の復興はあり得ない。

承安三年（一一七三）、文覚は後白河法皇の御所を訪れた。招かれたわけではない。おりから後白河法皇は、お気にいりの貴族たちを集めて歌をうたい、琵琶を弾き、琴を鳴らして宴会の真っ最中であった。その部屋の前の庭に乱入した文覚は大声で勧進帳《かんじんちょう》を広げ、神護寺の復興に対し寄付を要求した。

驚いた後白河法皇は、すぐに追い出せと命令した。しかし押し出そうとしても動かず、刀で斬《き》りかかる者があると、文覚は大喜びでその者に飛びかかった。結局のところは多勢に無勢、叩きのめされて放り出されてしまった。しかし文覚は、寄付さえなさらずに私にこんな痛い目をみさせるなど、
十善の帝位に誇《ほこ》たうとも、黄泉《よみ》の旅に出《いで》なん後は、牛頭馬頭《ごずめず》の責をば免《まぬか》れ給はじ物を

「たとえ法皇であっても、死後、地獄に落ちて牛頭馬頭に責められますぞ」と罵《ののし》った。怒った法皇は文覚を伊豆国に流罪としてしまう。

一二年後の元暦二年（一一八五）に文覚が作成した「四十五箇条起請文《きしょうもん》」によると、逮捕された文覚は、伊豆に流されるまでの三〇日の間、法皇に抗議して断食を続けたという。しかし法皇を恨むことはせず、朝廷の安穏を祈り、伊豆に流されてからでもひたすら法皇の聖寿長久を祈った、とこの起請文には記されている。

文覚はすぐ怒りわめく性格ではあったが、それは相手の個人が憎いというより、仏法を盛んにするという目的から出たものであった。そのために後白河法皇を自分の方にむかせよう、それが仏法のためであり、同時に国民の平和な生活のためでもある、と考えていた。

伊豆国には永暦元年（一一六〇）から源頼朝が流されていた。頼朝が挙兵したのはそれから二〇年後の治承四年（一一八〇）のことである。『平家物語』や『源平盛衰記』によると、文覚はこのときに頼朝と知り合いになり、頼朝に挙兵を勧めたという。

治承二年（一一七八）、文覚は許されて都に帰り、神護寺に戻った。彼はふたたび後白河法皇の御所を訪れて寄付を求めた。これが何度も続いた。ついに寿永元年（一一八二）法皇は文覚の要求をうけ入れ、神護寺に荘園を寄進することにした。文覚は涙にむせび、法皇の恩に感謝した．

翌年、約束どおり法皇は紀伊国《きいのくに》の荘園を神護寺に寄進した．続いてそののち一年余りの間に、摂《せっ》津《つ》・若狭《わかさ》・丹波《たんば》・播磨《はりま》等の国々にある六ヵ所の荘園も寄進した。文覚は、これらの荘園からあがる膨大な収入を注ぎこみ、神護寺をはじめとして、東寺・西寺・高野山・四天王寺など、空海に関わる寺を次々に修復していった。強烈な実行力である。これらの寺では、文覚に対する賛美の声があがったに違いない。

うって変わった法皇の優遇であった。なぜこのように法皇の態度が変わったのであろうか。考えてみると、法皇と文覚とは性格で似ているところがある。二人とも、規則や慣例に縛られることが嫌いで、自分の気持に正直に生きようというタイプである。さらに文覚の立場からいうと、法皇は王法体現者として尊重しなければならないうえ、法皇が仏教に対する信仰が厚かったことも尊敬の対象になった。

実際に法皇は寺や塔をしきりに造立《ぞうりゅう》した。また京都、奈良の寺はもちろん、遠く熊野にまで参詣している。逆に後白河法皇の立場からすれば、伊豆国に流されても恨まず、ひたすら自分を尊敬し、長寿を祈ってくれる文覚にしだいに親しみを感じていった、といえるだろう。まして、文覚の目的が暴れまわることにあるのではなく、仏法と王法のために働くということにあるのであれば、後白河法皇がしだいに文覚を援助しはじめても不思議はない。

そもそも後白河法皇自身、激動の世のなかで朝廷を守るため、平清盛・木曽義仲・源頼朝その他と渡り合いつつ生きてきた人間である。文覚の性格をのみこめば、あとは保護に転じる勢いも早かった。

源頼朝に挙兵を勧める

すでに述べたように、伊豆に流されていた頼朝に対し、文覚が挙兵を勧めたという話が広く伝えられている。それは次のような話である。

あとから流されてきた文覚が住んだ所は、頼朝の住居にほど近かった。文覚はときおり頼朝のもとを訪ね、世間話をしていた。ところがあるとき、清盛を倒すために立ちあがれと、頼朝に勧めはじめた。頼朝がためらっていると、文覚は懐から白い布に包んだ髑髏をとり出し、「これこそあなたのお父さんの義朝殿の頭です。平治の乱ののちに首をうたれ、牢獄の前の苔《こけ》に埋もれていたのです。私が牢獄の番人から貰いうけ、首に掛けて寺々をめぐり、供養をしてきました。ですから義朝殿はきっと極楽へ生まれ変わっていらっしゃるでしょう。私はこのようにあなたやあなたのお父さんのことを思っているのです」と述べた。頼朝は父の頭と聞くと懐かしく、涙を流したという。

右の話には、細かくみれば年代が合わないところもあり、すべてを事実として認めるのは難しい。しかし、王法の体現者で仏法の保護者でもあるべき後白河法皇を圧迫している平清盛に対し、文覚が激しい憎悪をいだき、頼朝に平氏討滅を勧めたのは十分にあり得ることである。いわば仏法の敵を、後白河法皇と頼朝とが討ち、文覚がその仲介者を務めるということである。

文覚が頼朝に出会い、政治的な話をしたのはいつが最初かはっきりとはしないけれど、文覚が後白河法皇との仲介にあたったのは事実である。文覚は、ときどき鎌倉にくだり。頼朝のために武運長久の祈禱をおこなっている。

木曽義仲が北陸から京都に侵入し、平氏を西国に追い払うというできごとが寿永二年（一一八三）七月に起こった。ちなみに後白河法皇が、はじめて寺領を神護寺に寄進したのは、このときから三ヵ月後である。とすれば、後白河法皇の文覚に対する政治的な意図も明らかというものであろう。はじめから法皇は義仲が気に入らず、頼朝との連携を強めることになった。その仲介役の一人が文覚である。

翌元暦元年（一一八四）一月、義仲は頼朝の代理として攻めこんできた源義経によって討たれた。この年四月、頼朝は正四位下に昇り、朝廷での足場を固めた。頼朝は、自分の領地のひとつである丹波国宇都郷を神護寺に寄進した。頼朝の文覚に対する感謝の表現である。この後間もなく文覚は、頼朝の意向をうけて右大臣九条兼実を摂政に推薦した。かつての武家あがりの修験者文覚は、中央の政界に口出しするまでにいたったのである。

六代御前を助ける

文治元年（一一八五）三月、平氏は壇ノ浦で全滅した。同年秋、頼朝の代官の北条時政が上洛して朝廷との交渉にあたるとともに、生き残った平氏一族の捜索にあたった。このとき、平維盛《これもり》の息子の六代が大覚寺の北のあたりに隠れていたのが捕まった。六代の乳母は文覚に助命の仲介を懇願した。文覚はこれを引きうけて時政に二〇日間の猶予を求め、鎌倉にくだった。頼朝に助命を認めさせるためである。しかし、約束の日数が過ぎても帰らないため、時政は六代を斬ろうとした。そこへ頼朝の助命の命令書をもった文覚の使者が駆けつけ、六代は助けられた、といわれている。

六代の父平維盛は、平清盛の嫡男重盛の後継ぎである。これを系図に表せば次のようになる。

平清盛―重盛―維盛―六代

文覚はなぜ六代を助けたのであろう。かつて仏法の敵としてあれほど憎んでいた平清盛の曽孫である。しかも、助けたことによって源頼朝が喜ぶはずはない。このあたりにすでに文覚と頼朝の感情の行き違いのはじまりがみられよう。

文覚は頼朝の家来ではないし、鎌倉幕府の発展に力をつくそうというのでもない。仏法の発展が唯一の目標といってよい。さらにもともと傍若無人で反逆の精神にとんでいるうえ、政治的な力も絶頂期にあった。何でもできる、と思っていたようである。

一方頼朝にしてみれば、「時代は変わったのだ。私の立場は一介の流人《るにん》から天下を左右できる権力者になったのだ。このことを心得てほしい」といいたかったはずである。

頼朝が平家を倒すまで、文覚は頼りになり、行動力のある協力者であった。頼朝にはそのときの恩義が負担になりつつあった。文覚が勢力を温存して生きようと思ったならば、おとなしくしていなければいけなかったのである。

しかし文覚は相変わらず天下御免の横紙破りであった。後先も考えずに、清盛の嫡流六代の助命に奔走した。六代は、かつての頼朝と同じく弱い立場にある。そう思うと反逆精神が頭をもたげ、まっしぐらに六代を保護することにしたのである。正義は自分にある。文覚の自負である。

このような文覚の気持が頼朝に不快感をあたえなかったわけがない。頼朝はしだいに文覚の行動に不満と疑惑をもちはじめた。文治四年（一一八八）、文覚が賀茂社領を横どりしたという訴えが幕府に出された。ついで建久四年（一一九三）東寺修復の費用を出すために播磨国の国務が文覚に任されたとき、文覚は播磨の国領を知人に分けあたえてしまった。

頼朝が家来を送ってこのことを責めると、文覚はこれは誰かの讒言《ざんげん》だ、こんな讒言をするものは地獄に落ちる、とその家来を罵《ののし》ったので、頼朝は非常に不愉快な様子であったと『吾妻鏡』は伝える。

文覚が神護寺に引きとった六代に対する頼朝の警戒心は強く、結局六代を殺してしまったと『平家物語』は伝えている。しかし近年の研究によれば、六代は頼朝に斬られてはおらず、いくつかの寺を転々とし、少なくとも三〇代までは生きたようである。その根拠は、頼朝が命令して六代を斬らせたと記しているのは、『平家物語』と、いくつかの年代記などの不確実な要素を多く含む史料にしかすぎないからである。貴族の日記や記録など、確実な史料にはまったくそれは出ていない。

ではなぜ、文覚が保護した六代を頼朝が殺したと『平家物語』では語っているのだろう。それは、平家滅亡後の文覚と頼朝との感情のずれを文学的に表現しているのではなかろうか。振り返ってみれば、天下御免の横紙破りという文覚の性格が変わったわけではないし、仏法を興隆しようという文覚の目的も、変わっていない。変わったのは頼朝の立場であり、考え方である。

神通力の衰退

建久三年（一一九二）文覚と心を通わせあった後白河法皇が亡くなった。続いて同一〇年（一一九九）、頼朝も亡くなった。この後まもなく文覚は、後鳥羽上皇を権力の座から追いやり、上皇の兄の守貞親王を天皇の位につけようと画策し、失敗して佐渡へ流されたと『平家物語』は伝える。反逆僧がここでもその面目躍如たるものがあった、というわけである。しかし残念ながら、佐渡に流されたのは事実であるけれど、守貞親王云々は事実ではないらしい。

この時期、朝廷では内大臣土御門《つちみかど》通親が実権を握っていた。反頼朝・反幕府方の人物である。そして頼朝の死とともに、朝廷内の親幕府勢力の粛清に乗り出した。この政界の争いに巻きこまれ、文覚が被害をこうむったのが実情らしい。

これに加え、幕府内で土御門通親の協力者になっていた梶原景時《かじわらかげとき》にも文覚は憎まれていた。建久四年に、頼朝が播磨国の国務の件で文覚に詰問《きつもん》の使者を送り、逆に暴言を浴びせられたことがあったと述べたが、このときの使者が景時の弟梶原朝景なのである。この前後から、景時は文覚を憎んでいた。

文覚が逮捕されたとき、藤原定家《さだいえ》はその日記『明月記《めいげつき》』に、「文覚は頼朝が帰依してくれたことによって、天下に大いに威勢を振るった。そして多くの人が文覚に追従をいった」と不快そうに記《しる》した。つまり、文覚は貴族たちに評判が悪かったのである。

つまるところ、朝廷と幕府のなかで、文覚の神通力は急速に衰えていたといえる。建仁二年（一二〇二）通親が亡くなり、後鳥羽上皇は文覚の流罪を許した。しかし一ヵ月もたたないうちに、上皇は再び文覚を対馬へ流罪にした。いつのころかは不明だが、上皇は神護寺領の荘園五ヵ所を没収してしまった。文覚の勢力が地に落ちたことはこれをみてもわかる。

後鳥羽上皇も、後白河法皇と同様に気が強く、国王としての意識が旺盛な人物であった。しかし、忍耐力や包容力からいえば、後鳥羽上皇の方がはるかに劣っていたといわねばならない。

その代わり、発言の鋭さや相手に正面きってふりまわす威力には強烈なものがあった。藤原定家のような身分の高い貴族たちは、親子代々のならわしとして、これに従わざるを得ない。定家が『明月記』にいかに上皇に痛めつけられて困惑しているかを書き残していることをみれば、それは明らかである。しかし文覚は違う。それこそ生まれながらの反逆児である。後鳥羽上皇が、気に入るはずがない。

かくして反逆精神は裏目に出て、文覚はほんとうに没落した。建仁三年（一二〇三）七月二一日、文覚は「鎮西《ちんぜい》」で没したと神護寺の記録は伝えている。「鎮西」というのは九州のことである。六五歳であった。

最後は不遇であったけれど、文覚はまた盛り返す気持十分であったに違いない。文覚にとって現世の苦しさや弾圧など、ものの数ではない。ただ、仏法興隆を目標にして生きたのである。波乱に富んだ反逆の人生。これが私たちにはなかなかできないからこそ、文覚の一生は魅力に満ちてみえるのである。

四　親　鸞――結婚こそ極楽への近道

せぬは仏、隠すは上人

かつての僧侶は結婚してはいけなかった。これを不淫戒《ふいんかい》という。それだけではない。仏教にはたくさんの種類の戒律があった。仏教は、「戒定慧《かいじょうえ》」といって、まず形式（戒）から入り、心を落ち着かせ（定）、人生をみとおす力（慧）を身につけることを目的とする。その力がすなわち智恵（智慧）であり、悟りである。

形から叩きこむから、厳しい仏教の宗派での戒律は大変多くなる。部派仏教（小乗仏教）では、僧については二五〇戒、尼については五〇〇戒と称するほどたくさんある。もっとも、「こんなに束縛されるのは嫌だ。もっと自由が欲しい」と考えるのは現代人の傾向で、昔の人は必ずしもそうではなかったといっておこう。

大乗仏教での束縛は少ないとはいっても、もちろん戒律はある。一般的には一〇戒である。たとえば不殺生戒《ふせっしょうかい》、そして不淫戒。誰でも生き物を殺していいわけがない。まして人間を殺すことは許されない。これは出家であると、在家であるとを問わない。その意味では、不殺生戒は特に在家と出家とを分けるものではない。ところが不淫戒はそうではない。男女の交わりをしてはいけないのであるから、普通の人間生活からすれば尋常ではない。そのままでいけば子孫は絶える。

つまり、人間が社会生活をおこなっていくうえで、男女一組が夫婦として存在するのはもっとも基本的な事柄である。夫婦生活はまた精神的にも肉体的にも喜びである。子どもが生まれればその喜びは倍加する。

出家というのは、人間生活の苦しみを乗り越えるために悟りを求める行為である。そのためには、人間でありながら人間であってはならぬ。喜びを残したままで悟りを得ようなどと、そんなうまい話があっていいものだろうか――かくて「結婚」が出家と在家とを分ける指標となった。仏教がインドから中国、朝鮮半島、日本と広がってくるにしたがって、あいまいな部分も増えてきた。しかし少なくとも、僧侶が結婚していては悟りは得られず、極楽浄土へも行けなかったのは共通していた。

実際には、日本では出家でありながら結婚している者も多かった。しかし、それは隠さなくてはならなかった。平安時代のことばに、「せぬは仏、隠すは上人」などとある。「仏」とは仏像のことである。ところが親鸞は、おおっぴらな結婚に踏みきった。戒律破り、まさに破戒である。さらにそれだけではなく、「結婚することこそ、極楽浄土への近道」と力強く宣言したのである。

親鸞は、正統派の仏教の僧侶ではない。それこそアウトサイダーである。しかし九歳のときからちょうど二〇年間にわたって叩きこまれたのは、正統派の仏教の学問である。そののちもたゆみなく学問を続けている。そのうえでのアウトサイダーであった。そのことが彼の信仰や、行動に表れている。親鸞を開祖とする浄土真宗の人たちは、親鸞のアウトサイダー的な側面にこそ魅力を感じている。

僧の世界の身分差別

親鸞は承安三年（一一七三）に京都で生まれた。父の名は日野有範《ありのり》といい、母は吉光あるいは貴光（いずれも「きっこう」と読む）をいったと伝えられている。日野氏は藤原氏の一族で中級の貴族であり、和歌と儒学を家の伝統の学問としていた。儒学は、今日の常識とは少し異なって、乱れた世を安定させるための政治改革の意欲を沸き立たせるための学問である。そこで日野一族は、時代の転換期に改革をめざす人に協力して、たびたび顔を出している。

親鸞が生まれたころは、平清盛の全盛期であった。ところが親鸞が八歳のとき、後白河法皇の皇子の以仁王《もちひとおう》が清盛を倒そうと立ちあがった。いわゆる以仁王の乱である。この以仁王の学問の師は日野宗業である。また鎌倉幕府を倒した後醍醐天皇の手足となって働いた人のなかに日野資朝や日野俊基がおり、室町時代に幕府を背負って立った日野富子もいる。そして系図のうえでは、親鸞の父日野有範は右の宗業の弟にあたる。

日野有範は三人兄弟の末弟でもあって、位からいえば下級貴族であった。子どもは、親鸞を長男として四人ないし五人いたが、有範は親鸞がまだ一〇歳にならないうちに出家してしまう。残された子どもたちも全員が次々に出家していく。これはただごとではない。全員が出家したら家がつぶれる。

いいかえれば、全員が出家しなければならないほどの重大な危機に日野有範家は直面していたのである。

養和元年（一一八一）、父の長兄の範綱の介添えによって親鸞は出家させられ、比叡山延暦寺に送られた。のちに関白になる九条兼実の弟の慈円が戒師であったという説もあるが、はっきりしない。親鸞は幼いながら、いろいろと思うことがあったに相違ない。しかし自分の進路について選択の余地はない。そのころ没落した貴族や武士は、出家するしか社会的な立場を維持する方法がなかったのである。

延暦寺に限らず、貴族の子弟は寺の世界で大切にされる。それもこれも、実家が政治的な権力を握っていたり、豊かな財産をもっていたりするからである。したがって、実家が破滅した親鸞などに目をくれる者はいない。親鸞はいくら修行を重ねても、修行僧のなかでのもっとも低い地位をうろうろするばかりであった。親鸞の妻の恵信尼《えしんに》がこのころのことを次のように述べている。

殿の比叡の山に堂僧つとめておはしましけるが、

「堂僧」というのは、延暦寺の僧侶が法要をおこなうとき、周辺部にいて念仏を唱えるだけの僧である。中央にいて美しい声でお経を唱え、貴族の女性たちを魅了する僧ではない。あくまでも下積みである。

僧侶の世界は階級的に二つに分かれている。修行をする僧とそれを助ける僧である。「助ける」というのは、つまりは食事を作ったり掃除をしたり、建物を修理したりすることである。学問はしなくてよいし、法要に参加しなくてもよい。またその権利もない。

修行僧は貴族や武士の出身者で占められ、助ける僧は農民などから連れてこられるのである。親鸞はその修行僧のなかで、いつまでも最下級であった。

親鸞は、あとから入ってきた皇族出身の若者や摂関家、その他今をときめく家柄出身の子弟に次々に追い越されていく。勉強家の親鸞がくやしくとも、どうしようもない。俗世間ではもちろん、出家の世界においても、主流にはなれない自分を痛切に感じたに違いない。

一〇代から二〇代にかけて、やがて親鸞には性の悩みが訪れる。九〇歳まで長生きをし、病気になってても薬をのむのが嫌いであり、壮健なたちであった親鸞にとって、これはごく自然の悩みである。もちろん僧は不淫戒を守らねばならない。前述したとおりである。

しかし僧侶が事実上の妻をもち、子どもをもうけるのはすでにあたりまえの時代であった。結婚していることはたてまえとして隠さなければならないから、延暦寺の僧たちは比叡山のなかに家庭を作ることはできない。その東側の麓《ふもと》の町・坂本に家を構え、妻子をおき、ときどき通うのである。その数は数百軒にも及んだという。

結婚して家庭を構えるとなると、先立つものは財力である。実家が破滅した親鸞には、費用を工面する方法がない。健康でまじめな親鸞は、不淫戒は守るべきであるという心と、それを破ってはばからない人びとに対する心の奥底にあるうらやましさ、さらにはすべてを押しつぶす財力のなさのなかで煩悶《はんもん》していた。

やがて親鸞は、極楽浄土を求めて修行するのが出家の目的であるはずであると、自分の心を納得させようとする。それ以外に生きる道はない。

私が妻になってあげましょう

さて、極楽浄土を求めて修行する親鸞に新たな悩みがおこる。自分はほんとうに極楽浄土へ行けるのだろうか。このまま修行を続けていって大丈夫なのだろうか。やがて彼はどうにもたまらなくなり、とうとう京都・六角堂の救世《ぐぜ》観音に助けを求めにいく。六角堂の観音菩薩は悩む修行者を導いてくれる観音として知られていた。親鸞は、ここに籠って自分が極楽へ行けるかどうかを尋ねることにした。二九歳のときである。

毎晩、夜を徹して尋ねる親鸞に対して、返事はなかなかこなかった。ところがとうとう、九五日目の明け方の夢のなかに観音が現れ、次のようなお告げをくれる。いわゆる「六角堂の偈《げ》」である。

行者、宿報《しゅうほう》にてたとひ女犯《にょぼん》すとも、
我、玉女《ぎょくにょ》の身となりて犯せられん。
一生の間能《よ》く荘厳して、
臨終に引導して極楽に生ぜしめん。

「修行者のそなたが、前世からの因縁によって結婚しなければならないのであったら、私（観音）がすばらしい女性となって、そなたの妻になってあげましょう。そして、そなたの一生の間、よい生活をさせてあげましょうし、そなたがこの世を去るときには、手をとって極楽浄土に導いてあげましょう」。

こうして親鸞は確かに極楽浄土へ行けることになった。条件がついている。結婚すること——である。しかも相手の女性は観音菩薩の化身である。いいかえれば、結婚することこそ必ず極楽へ行ける道である、ということになる。

しかし親鸞は、多少不安であったらしい。誰かに「それでよい」といってほしかった。その人を求めてやがて法然《ほうねん》のもとにたどりつく。

美しい声の僧を先頭に

法然は、親鸞の一生涯を通じての師であり、恩人である。彼は延暦寺で三〇年間修行をした。そしてついに四三歳の時、専修念仏の道を開いた。専修念仏とは、念仏さえ唱えていれば必ず阿弥陀仏の極楽浄土へ迎えとってもらえる、という教えである。親鸞がいかに法然を信頼するようになったか、『歎異抄《たんにしょう》』の次の文によってわかる。

たとひ法然上人にすかされまいらせて、念仏して、地獄におちたりとも、さらに後悔すべからずさふらふ。

「もし、法然上人にだまされて念仏を唱え、その結果地獄に落ちてしまっても、決して後悔はいたしません」。

親鸞は二九歳、法然は六九歳であった。法然は結婚に関して次のように考えていた。『法然上人行状画図』に、

現世をすぐべきやうは、念仏の申されんかたによりてすぐべし。（中略）ひじりにて申されずば、在家になりて申べし。

「この世のなかの生き方は、どうすれば念仏を唱《とな》えることができるか、ということで決めなさい。（中略）出家していては念仏を唱えることができないのであったら、俗人の形で念仏を唱えなさい」。つまり、結婚できないために気が散って念仏に集中できないのであったら結婚をし、心を落ち着けて念仏を唱えるようにといっているのである。念仏を唱えることが重要なのであって、その他のことは問題ではない。

この話によって目のさめる思いのした親鸞は、急速に法然に引きつけられ、以後一〇〇日間、雨の日も風の日も法然のもとに通い、やがて専修念仏の教えに心服していく。

そのころ法然は京都の東山にいた。完全に延暦寺と縁を切ったわけではないが、本流からははずれていた。下級の僧侶である、聖《ひじり》の一員となっていた。もちろん出世できるわけではないし、出世が目的の人生でもない。その法然に入門した親鸞も、同じことである。以後親鸞は、法然や他の弟子たち

とともに、専修念仏を広める運動に参加することとなった。

専修念仏はしだいに広がり、大きな勢力となっていった。何せ簡単な方法で極楽浄土へ行けるというのであるから、一般の庶民にとっては魅力である。しかも、美しい魅力的な声で念仏を唱える若い僧侶が先頭に立っていたので、なおさら京都の町々で大きな話題になった。ところが延暦寺や奈良の興福寺などの既成仏教教団は、この専修念仏に危機感を深めた。何度も弾圧を繰り返し、とうとう承元元年（一二〇七）、法然を四国に、親鸞を越後国《えちごのくに》に流すなどの処置に成功した。この時のことを親鸞は『教行信証《きようぎようしんしよう》』に次のように憤りつつ述べている。

主上・臣下、法に背き義に違し、忿《いかり》を成し怨《うらみ》を結ぶ。茲《これ》に因りて真宗興隆の大祖源空法師並びに門徒数輩、罪科を考へず、猥《みだり》がわしく死罪に坐し、或は僧儀を改めて姓名を賜ふて遠流に処す。予は其の一也。

「そのころの後鳥羽上皇や家来は法律に違反し、正しい考え方をすることもできず、感情的に私たちを悪者にしてしまった。そして法然やその弟子たちの罪はなにか十分に考えず、いい加減に死刑にしたり流罪にしたりした。私はそのなかのひとりである」。

もともと本流からはずれていた親鸞は、強い抵抗意識を京都の権力者に対してもつようになったのである。

親鸞の流罪は建暦元年（一二一一）暮に許されたけれど、彼は京都に帰ろうとはしなかった。翌年早々に法然が亡くなったこともあり、京都には望みを捨て、新興の地である関東にむかうことにしたのである。建保二年（一二一四）、親鸞四二歳のときである。すでに妻子を抱えた新しい門出であった。

なぜ関東へむかったか

親鸞が関東へむかった理由については、昔からいろいろな説があげられている。

たとえば、妻・恵信尼の実家である三善氏の、常陸国《ひたちのくに》における領地を頼ってきたとする説。信濃国《しなののくに》水内郡《みのちぐん》や下総国結城郡《しもうさのくにゆうきぐん》に領地をもつ豪族である井上氏の一族の善性の誘導によるとする説。善性は親鸞の書簡集を最初に編集した人物である。常陸国稲田の領主稲田九郎頼重が招いたとする説。当時の常陸国における念仏の流行を背景とする説。当時、北陸の農民が関東に移住することがあり、その動きに乗ってきたとする説など。しかし、どの説にも難点がある。

私は、親鸞は鎌倉をめざして越後国を出発したと考えている。念仏を広める所は何も京都だけでなくともよい。それに現代の私たちは、一番華やかな地域は京都、そして田舎の越後、さらに草深い未開の関東と考えがちである。あげくのはては、関東の人びとは念仏を知らなかった、親鸞がはじめて念仏を広めたのだと思いこんでいるむきもある。はたしてそうであったか。関東には鎌倉という、新興の武士の都もある。政治的にも文化的にも、意欲に満ちていたことが十分に考えられる。

親鸞はこの関東で二〇年の歳月を過ごすことになる。彼は常陸国の稲田に一番長く住んだようであるが、他にも同じく常陸の大山や小島にもいた気配がある。もと京都の貴族といえば、常陸の人びとに尊敬される存在であったはずである。しかし親鸞がとった行動から、必ずしもそうはならなかった。彼は今までとは違う念仏を説いたからである。親鸞は当初、警戒された。

関東に限らず、そのころ一般的に広まっていた念仏の信仰とは次のようなものである。念仏を唱えて阿弥陀仏に祈れば病気が治り、金儲けができ、田畑の害虫がいなくなる。現世利益を目的にした、いわゆる呪術である。

同じ「南無阿弥陀仏」と唱える念仏でも、親鸞の念仏は違っていた。呪術の本質は人間が世のなかを変えようというものである。そのような考え方では、結局、人間は救われまい。いくら一生懸命に念仏を唱えても金儲けができないこともあるし、しつこい虫がいつまでもいることもある。病気が治らずに死ぬこともある。

このような考え方ではなくて、阿弥陀仏の絶対的な救いの力を信じることにより、無力な自分、そして阿弥陀仏に生かされている自分を知ることができる。そうすれば自分の心が変わり、生きていることのありがたさを知ることになる。これが幸せなのだ。

このような生命をあたえてくれた阿弥陀仏に、感謝しながら生きようではないか。阿弥陀仏の救いの力を信じたその瞬間に、私たちは救われる。救われたのちの念仏は、阿弥陀仏に救っていただいたことに対する感謝の念仏である。このように親鸞は説いた。

善人だといいきれる者がいるか

当然親鸞に対する批判は高まった。呪術をもって仕事としていた山伏たちからの攻撃は激しかった。親鸞は一歩一歩このような攻撃を乗り越えていったのである。また、『歎異抄』に、次のことばがある。

善人なをもちて往生をとぐ、いはんや悪人をや。しかるを、世のひとつねにいはく、「悪人なを往生す、いかにいはんや善人をや」と。

「善人だって極楽へ往生できるのに、どうして悪人が往生できないことがあろうか。それなのに、世間の人はいつも『悪人だって極楽へ往生できるのに、ほんとうにどうして善人が往生できないことがあろうか』といっている」。

信仰といえば身のおこないを正しくするのが当然であった。そのことに努める善人こそ、極楽へ往生する資格があった。人間のなかには盗みを働いたり、他人を陥れたりする者もいる。生きるためとはいえ、魚や獣などを殺さなければならない者もいる。漁師や猟師である。武士など戦場では人を殺すという仕事をしなければならない。

そしてこれらの悪いことをする人間は、極楽往生ができないとされてきた。ときには、反省して工夫を凝らしたおかげで極楽へ往ける者もいたという。

しかしこれらの悪人のおこないは、その個人の責任ではなく、前世からの因縁でおこなってしまうことである。避けようとしてもどうしようもないことなのだ。自分で自分を救うことはできないのだ。

それに「善人」というのは偽善ではないか。自分がほんとうに一点のシミもない善人だといいきれる者がいるだろうか。皆、悪人ではないか。阿弥陀仏は、これらの悪人こそを憐れんでほんとうに救おうとされている。この親鸞の考えが悪人正機説である。

近年、悪人正機説は親鸞の専売特許ではないという研究が出てきた。法然がすでにもっていたという説と、法然の弟子たちの間に広まっていた考えであるという説とがある。悪人正機説が誰の発想か探ることは、非常に興味のあることではあるが、親鸞との関係は依然として重要であろう。今日にいたるまで、「親鸞の悪人正機説」は大きな意味をもっているからである。

親鸞の信仰の内容は、のちにその主著である『教行信証』にまとめられた。前掲の『歎異抄』でもそれをうかがうことができる。『教行信証』は大変長く、しかも漢文で書かれているので読みとおすのが難しい。これに対して『歎異抄』は漢字混じりのかなの短篇で読みやすく、しかも名文なので今日にいたるまで人気は高い。

親鸞の念仏の教えは、たやすく関東に広まったのではない。すでに述べたように、呪術を仕事にする宗教者、たとえば山伏の弁円といった人たちがしきりに妨害した。しかし、この弁円ものちには親鸞の弟子になったように、親鸞の影響力はしだいに広がっていった。弟子の数も多くなり、その弟子がまた各地で念仏の教えを広めていった。

晩年の不幸のなかで

六〇歳を過ぎたころ、望郷の思いやみがたく、親鸞は京都に帰った。京都ではあまり積極的な布教はしなかったようである。『教行信証』を完成させ、かつての師法然の手紙や記録類を集めて『西方指南抄』を編《あ》み、関東に残してきた弟子たちを手紙で指導し、ときにはその訪問をうけるといった毎日であった。こう書くと、親鸞の晩年はいかにも平和な日々であったように見える。しかしそうではなかった。

親鸞が観音菩薩の生まれ変わりにもなぞらえた妻の恵信尼は、はやばやと越後に去った。彼女がもつわずかばかりの領地の管理のためではないかといわれているが、夫婦別居の理由は明確ではない。その上、関東から夫婦が一緒に京都に帰ったのかどうかもはっきりしていない。信頼する長男の善鸞は、関東で親鸞とは異なる教えを説いて親鸞を嘆かせた。善鸞は、親鸞帰洛後十数年たって顕在化した、関東の弟子の間での信仰上の問題を解決させるため、親鸞が送りこんでいたのである。善鸞のことが問題になったとき、親鸞はすでに八〇歳を過ぎていた。

親鸞はまた、貧乏であった。火事にあったことも関係があるようであるが、最晩年は弟の尋有の家に同居させてもらっていた。わずかに末娘の覚信尼が親鸞の面倒をみている状態であった。

妻は遠くに去り、長男は異なる教えを説き、家も財産もない。世俗的にいえば絵に描いたような不幸である。これはいったいなんとしたことであろう。若いころからの念仏の道はまちがっていたのか。――いやそうではない。それは親鸞の九〇年におよぶ人生の、最後の試練だったのである。ここからが親鸞の底力が発揮されるのである。

親鸞は、自分の若いころからの信仰生活を振り返った。かつて文章にしたものをもう一度書いてみた。親鸞の自筆で今日残っているものは、八三歳から八五歳にかけてのときに筆を染めたものが圧倒的に多い。特に八四歳のときである。苦しさを押し倒すような、力強い筆跡である。自分の信仰は間違っていなかった。その確証を得るための努力であったといってもよい。そしてとうとう一生涯を振り返り終わり、自分の正しさを確信する。そのうえで、あとは自分でじたばたせず、この世での人生は自然の状況に任せようという心境に達した。家族問題を経験できるのも、人間としてこの世で生きていられるからこそである。その観点からは、自分や家族を生かさせてくれている阿弥陀仏に感謝しなければなるまい。すべては阿弥陀仏の慈悲につつまれた人間の生活なのである。

環境の変化に合わせ、年齢が進むのに合わせて考えを変えていけば、世間的な幸せは得られよう。しかしそれでは底が浅いのだ。真に心の平安が得られ、感謝しながら毎日を送ることができるのは、念仏の道を生きとおすことによってである。

親鸞はまた、自分の生き方を「非僧非俗」であるとした。僧侶でもなければ、俗人でもないという意味である。そしてまた彼は、僧と俗人の両方に通用する生き方を身をもって示したのである。俗人であっても、確かに念仏によって救われる。親鸞がもし俗世間的な幸せ、つまり大金持で家族の間に何の問題もなく、個人的にも悩みを知らない、という人生を送ったとしたらどうであろう。後世の悩める人びとは、逆に彼の教えに不信感をいだいたに違いない。

結婚をつらぬきとおすことにより、悩み多き人生を送ったことにより、親鸞は今日にいたるまでの無数の人びとに生きる指針をあたえているのである。彼のことばが重みをもつのは、その苦悩にみちた人生が背景にあるからである。

「非僧非俗」——親鸞は普通の、正統的な僧ではない。まさにアウトサイダーであった。そしてそのゆえにこそ、さまざまに生きる数かぎりない人びとに生きる力をさずけ続けているのである。

五日　蓮—弾圧こそ正しさの証

仏道に命を賭ける

命を惜しまぬ行為とは何だろう。私たちは「命がけでやります」ということがあるけれど、それは強い決心をもってものごとをおこなうときの常套語《じょうとうご》のようなものである。うまくいかなかったらほんとうに死ぬとは誰も思っていない。簡単に死んでいたのでは人間生活が成り立たない。それに近年では政治家が、「命がけ」とか「だめなら腹を切る」などと宣言し、都合が悪くなると「あれはそのような心構えをいっただけだ」と弁解したりするので、「命がけ」の価値はすっかり落ちてしまった。

しかし大相撲の人気力士貴乃花が横綱に昇進するとき、「命がけ」と同じ意味の「身命《しんみょう》を惜しまず」相撲道に精進しますというのを聞いて、久しぶりにこれらのことばに新鮮さを感じたものである。

「身命を惜しまず」とは『法華経《ほけきょう》』にある文である。正確には「我、身命を愛さず、但《た》だ無上道を惜しむ」という。この場合の愛とは、愛着あるいは執着という意味である。無上道とはこのうえなくすばらしい教えの世界、つまりは仏道のことである。そこで「我、身命を愛さず、但だ無上道を惜しむ」とは、「私は仏道のためには命をも賭けます」という内容となる。

ところで、自分のために命を賭けるのではなく、他人のために命を賭けるというのはどうであろうか。このようなことは、自分のため以上になかなかできることではない。他人のために働くことはあっても、命を賭けるまではいくまい。しかし、特に宗教を広めようとするとき、ほんとうに命を惜しまずに活動が進められることがよくある。なぜそれが可能なのだろうか。

もともと宗教は、現世の生活に苦しむ人びとを救うためにある。その救い方の論理は、「社会の常識に従っていたのでは、結局救われない。それを超越することによって救われる」というものである。ところが、ここに大きな問題がおきる。右のような考えで積極的に活動する宗教者は、社会秩序の維持をはかる人びとから、秩序・風俗を乱す不逞《ふてい》の輩《やから》とみられがちである。このために弾圧が繰り返されるが、宗教者は現世のことに重きをおいていないから、弾圧に耐える力もある。

さらには、教えを守り人びとを救うためには何ものをも恐れない、命をも賭ける、殺されてもいいと本気で宣言する人が現れる。その代表的な人物の一人が日蓮である。彼は『法華経』を信奉して「我、身命を愛さず、但だ無上道を惜しむ」と叫び、従来の信仰を「念仏無間、禅天魔、真言亡国、律国賊」と罵《ののし》ったといわれ、石を投げつけられるのにも島流しにされるのにも耐えた。まさに死をも恐れぬ殉教僧であった。

ほんとうの仏教とは何だろう

日蓮が生まれたのは貞応元年（一二二二）、安房国《あわのくに》長狭郡東条郷においてであった。今日の千葉県鴨川市である。日蓮は自分の出身を「賤民の子」であるとか「旃陀羅《せんだら》（古代インドの奴隷身分の人びと）の子」といっているけれど、実際にはそんなに身分が低い生まれではなく、海岸の漁業権などをもつ武士の家に誕生したらしい。日蓮がいかにも低い身分の生まれだといっているのは、そんないやしい出身の者でも救ってくれる、釈迦とその正しい教えを説いた『法華経』の偉大さを強調するためであった。それに鎌倉時代に奴隷的身分の者が寺に入って十分な学問や修行などできるはずもない。

日蓮は一二歳のときに近くの清澄寺に入った。この間の事情について語る記録は何も残されていない。両親が健在であったことはわかっているし、家が没落したなどという伝説はない。夜襲にあって父が殺された法然、家が没落した親鸞、母が亡くなった一遍などとは違い、日蓮は当時の人生のコースのひとつとして、ごく自然に出家の道を選んだものと思われる。

清澄寺は天台宗の寺である。天台宗は総合的な仏教で、学ぶべき経典は無数にあるといってよく、身体を使っての修行の種類もこれまた多かった。とはいっても、全体を統括する形での根本の経典は存在した。『法華経』である。したがって、天台宗は天台法華宗といってもよいほどなのである。そしてそのなかで、浄土教の信仰も平安時代以来盛んであった。

いつの時代でもそうであるけれど、そのころの人びとも、生きている間と亡くなってからのこと、現世の繁栄と後世の極楽浄土への往生が心配であった。このため、そのころの人びとは現世のためには『法華経』の題目「南無《なむ》妙法蓮華経《みょうほうれんげきょう》」を唱え、後世のためには阿弥陀仏への念仏「南無阿弥陀仏《なむあみだぶつ》」

を唱えた。

誰でも少年少女時代には、人生についてまた社会について疑問をもつものである。日蓮は清澄寺で盛んであった浄土教に納得のいかないものを感じた。

平安時代以来、浄土教の世界では臨終正念《しょうねん》ということがいわれた。最後の息を引きとる臨終にあたり、平静な息づかい、穏やかな態度で「南無阿弥陀仏」と念仏を唱えなければ、極楽浄土へ行けないということである。たとえ病気であっても、苦しげな様子で亡くなったのでは地獄におちる。地獄におちないためには、とにかくふだんから油断せずに念仏を唱えよ。そうすれば必ず臨終正念で極楽へ行くことができる。こうして清澄寺でも念仏を唱える僧が多かった。

しかし現実には、全員が臨終の瞬間に念仏を唱えられるわけではない。病気で苦しそうな様子で亡くなる僧もあれば、意識不明のまま亡くなる者もある。たとえ高僧であっても修行を積んだ僧であっても、それは仕方のないことである。

しかしまじめな日蓮はこれに疑問を抱いたのである。なぜこのようなことが起きるのか。誰に聞いても納得のいく答えは得られなかった。もしかすると念仏の教えは誤りではないのか。その教えが盛んな清澄寺の仏教全体も誤っていはしないか。ほんとうの仏教とは何だろう。

現代であれば、宗教は仏教だけではない。仏教が気に入らなければ他の宗教へ移ることもできる。しかし昔はそうではない。後に神道と呼ばれるようになった神祇《じんぎ》信仰もあるが、これとて仏教と強く結びついている。要するに宗教は仏教しかなかった。

『法華経』の発見

かくして日蓮は真実の仏教を求め、それを教えてくれるよき師を求めて、まず鎌倉、次には仏教の本場というべき京都とその付近の寺々をめぐった。そのなかでもいちばん長く滞在したのは、やはり天台宗の本山である比叡山延暦寺であった。彼は一九歳のころ清澄寺を出発し、ふたたび清澄寺に帰ってきたのは三二歳のときであった。

日蓮は結局のところ、心から頼りにすべき師にはめぐり会えなかった。しかし『涅槃経《ねはんきょう》』のなかの「頼るべきは仏教であり、人ではない（法に依りて人に依らざれ）」という文章と、『無量義経』の「釈迦は一生の間にいろいろの教えを説いたが、『法華経』を説く以前にはほんとうの教えを説いてはいない（法華以前には、未だ真実を顕さず）」との文章を重ね合わせることができ、『法華経』こそ真実の教えという結論に達した。

こうして、『法華経』のためには死をも恐れぬ日蓮ができあがっていくのである。すすんで死ににに行こうというわけではないけれども、少なくとも弾圧を恐れず迫害に負けずというのが、これ以降の日蓮の行動となる。

日蓮はなぜ『法華経』にこれほどまで傾倒したのだろう。『法華経』は釈迦が説いた形式をとっているけれど、実際は釈迦が書いたものでもなければ、話したことを筆記したものでもない。これはすべての仏教経典についていえることである。

釈迦の時代には、教えは口で伝えられていたのである。文字に書き記すと、教えの内容が限定されてしまうという理由からであった。しかし釈迦が亡くなってから数十年もたつと、そうもいっていられなくなり、文章に書き記すことになった。以来連綿とつい近年にいたるまで、釈迦の教えと称する経典は作られ続けてきた。

『法華経』は、釈迦が亡くなってから数百年がたった西暦紀元前後に、西北インドで成立した経典である。今からほぼ二〇〇〇年前である。

仏教は本来、修行者（出家）の集団とそれを経済的に助け、また逆に恩恵をうける俗人（在家）の集団とにはっきりと分かれていた。しかし修行者の独善的な生き方に反対し、修行者も俗人もともに協力して、よい信仰と社会を作ろうという動きが西暦紀元前後におこった。これが大乗仏教であり、『法華経』はそのひとつのシンボルであった。

なお興味深いことに、『法華経』を成立させた人びとは、まわりの民族から攻められて滅亡の危機に瀕《ひん》していた民族であったという。そこでこの人びとの間では、自分たちは何も悪くないのになぜこのように攻撃され、苦しい目にあわされるのであろう、という被害者意識が強かった。それが転じ、攻撃してくるまわりの民族は悪、正しいのは自分たち、悪は必ず滅び自分たちは最後に勝つ、という強烈な意識を生むこととなった。

自分たちは正しいからこそ、ひどい目にあっている。もっとひどい目にあえば、自分たちの正しいことがいっそうはっきりと証明される。どんどん石をぶつけてくれ。たとえ自分が死んだとしても、自分の民族の勝ちにつながるからそれは満足である――『法華経』はこうした精神に満ちみちている。したがって『法華経』は、現世を超越した幸せを説く信仰の書であると同時に、現世での繁栄をめざす愛国の書でもある。

こうしてみると、『法華経』の申し子ともいってよい日蓮の生き方がわかるような気がするではないか。

日蓮は当時の仏教界に飽き足らず、ほんとうの仏教をと探しまわったすえ、『法華経』にたどりついた。この『法華経』こそ人類を救う道である。この『法華経』を広めるためにはどんなことでもする。日蓮にとって『法華経』は、単に部屋にこもって読むための本ではなく、外に出て行動するための書であった。

では日蓮は、なぜこれほどまで『法華経』に引かれたのであろう。私は端的にいって、それが日蓮の気質にぴったり合ったからだと思う。日蓮の気性の激しさや目的意識の明確さ、また人間性の大きさは、各地に残る古い日蓮像をみればすぐに察せられる。日蓮は弱々しい男ではない。念仏を唱えて臨終正念ができるかどうか、一喜一憂するのは性に合わなかった。皆さん、もっと積極的に生きよう。それに現世で幸福にならなければ、人間として生まれた甲斐《かい》がないではないか。そのためには自分がなんとしても働く。

また、一見した日蓮の風貌が恐ろしげであるにもかかわらず、夫を亡くした女性などの弱い立場の人たちからひどく慕《した》われているのは、他人のために本気になってつくす日蓮の本質を物語っている。日蓮ほど、敵にまわせばこれくらい憎らしい者はなく、味方にすればこれほど頼りがいのある者はいなかった。

日本は滅びる

故郷の清澄寺に帰った日蓮は、『法華経』の救いを説きはじめた。この寺はもともと天台宗であるし、日蓮が説く純粋な『法華経』信仰に強い違和感があるわけではない。しだいにその信仰は広まる気配をみせた。しかし寺の有力な檀家が熱心な念仏の信者であり、しかもその檀家は日蓮の実家の主人筋にあたる人物と荘園問題で対立していた。日蓮は裁判でその檀家と争い、これをうち負かしてしまった。こうして信仰と裁判問題でもまれた日蓮は故郷にいられなくなった。建長五年（一二五三）、日蓮三二歳のときである。このの ち各地を放浪し、やがて鎌倉へ出た。この間に思索を深め、特に社会問題に目をむけていった。

いつの時代でも天災がおこらないことはないが、特にその当時は多かった。日蓮はこのことに敏感に反応した。いったいなぜこんなに天災がおきるのだろう。彼の結論は、日本が誤った信仰を大切にしているから、ということであった。誤った信仰を保っていれば七つの大災難がやってくる。そしてもう五つはすでに日本を襲っている。このまま放置しておけばさらに残りの二つの大災難がやってきて、ついには日本は滅びる。これが日蓮の確信となった。

あと二つの大災難とは、「国内で謀反が起きること（自界反逆の難）」と「外国が日本に攻め寄せてくること（他国侵逼《しんぴつ》の難）」であるという。日本国の滅亡にいたるこの二つは、なんとしても防がねばなるまい。そのためには、日本国民こぞって『法華経』の信者にならねばならない。

日蓮は右の考えを『立正安国論《りっしょうあんこくろん》』として著し、これを鎌倉幕府の北条時頼に呈上《ていじょう》した。文応元年（一二六〇）のことである。北条時頼は、幕府の前執権という立場であった。日蓮は、一人一人に教えを説くよりも、日本国王を説得して信者にすれば、後はその力で一気呵成《いっきかせい》に日本を法華王国にすることができると考えた。

日本国王とは誰か。日蓮のみたところ、それは京都の天皇でもなければ鎌倉の将軍でもない。将軍の下に位置する執権も実際の権力は握っていない。前執権ではあるが、北条時頼こそ日本国王にふさわしい実力者である。このように日蓮は判断した。そしてそれは正しかった。

北条時頼は禅宗や念仏を信奉する人物である。天台宗・真言宗の僧侶たちとも多くのつき合いがある。したがって、はいそうですかと日蓮の教えに同調するわけもない。日蓮はまた鎌倉の念仏者に対して激しい非難を加えた。念仏を唱えているものは、死んでから必ず地獄におちる、と。「地獄におちる恐怖」——これは今日では想像もつかないほどに大きかった。

日蓮の念仏批判は日をおうにしたがって強くなり、同調者もしだいに現れた。怒った念仏者たちは昼夜にわたって日蓮の草庵《そうあん》を襲い、また武器をもって日蓮に危害を加えた。

もちろん日蓮はそんなことではへこたれない。なおさら念仏批判は激しくなった。武器をとって戦うことも辞さなかった。日蓮は「命を賭けた殉教僧」とはいっても、ただ黙って殺されるのを待つというおとなしい人物ではなかった。治安の安定を考えざるをえない幕府は、ついに日蓮を逮捕して流罪にする。弘長元年（一二六一）のことである。流された先は伊豆国であった。

鎌倉幕府は僧侶が武器を持つのを禁止していた。日蓮はこの禁止令に触れたとされた。もうひとつ、「悪口」をいった罪である。驚くべきことといってよいであろうが、そのころの武士の間では他人の悪口をいうのは重罪であった。念仏者を非難し、地獄におちるといった日蓮には、十分に流罪になる理由があった。

日蓮は伊豆国で三年間を過ごし、弘長三年（一二六三）に許されて鎌倉に帰った。まもなく北条時頼が亡くなり、日蓮は失望する。翌年、母が重病に陥ったとの知らせをうけ、故郷に帰る。そしてこの地でふたたび法華信仰を広めはじめた。

しかし前にもまして日蓮は攻撃をうけ、ある日、東条松原という所を通りかかったとき、反日蓮派の攻撃をうけて、弟子のひとりは即死、二人が重傷を負った。日蓮自身も頭に傷をうけ、そのうえ左手を折られている。日蓮宗でいうところの小松原の法難である。

この事件に関し、前後の状況を反省したけれども、日蓮はますます法華信仰の正しさを感じ、布教の意欲を燃えたたせた。

国難来たる

文永五年（一二六八）モンゴル（蒙古）の使者が北九州にいたり、皇帝フビライの国書を提出した。この国書は「大蒙古国皇帝、書を日本国王に奉ず」という書き出しではじまり、東アジアの伝統的な慣行にしたがって日本に朝貢《ちょうこう》を求めているものであった。書き方はていねいながら、もし日本がいうことをきかなければ出兵の用意があると脅しをかけている。

平安時代から鎌倉時代にかけて、中国大陸での王朝は宋であった。日本は宋と親交を結び、文化・経済を中心にして大いにその恩恵をうけてきた。この宋が北方から興ったモンゴルに圧迫され、滅亡の危機に瀕しつつあることは、日本の方でもわかっていた。

しかし問題は、その情報がモンゴルからではなく、ほとんど一方的に宋の方から伝えられてきていたことであった。当然、日本側ではモンゴルは強大で、残虐で侵略的な民族としてうけとっていた。そこからの交際「強要」の国書である。幕府や朝廷の政治担当者たちは一挙に恐慌状態におちいった。まさに国難、日本滅亡の危機である。

ここで張りきったのが日蓮である。もちろん日本の危機を喜んだわけではないが、自分が『立正安国論』のなかで予言した「他国侵逼の難」がみごとにあたったのである。日蓮の情報の入手先も宋からであった。モンゴルに対する認識は幕府・朝廷の要職者と同じである。日本滅亡の恐怖のなかで、日蓮の使命感はいっそう高まった。このときこそ『法華経』にすがるべきである。日本国王はすべての邪宗を捨てて、『法華経』を信奉すべきである。日本国民こぞっておこなうべきことはただひとつ、「南無妙法蓮華経」と唱えることである。

モンゴルの国書が到来した年、日蓮はふたたび『立正安国論』を清書して北条時宗に呈上した。北条時宗は、まだ一〇代の少年であったが、時頼の後継者として幕府を背負って立ち、国難にあたろうとしていた。

徹底した他宗攻撃

さらにまた日蓮は鎌倉の辻々に立ち、浄土宗などの他宗派を手ひどく排撃し、『法華経』を信ずべきことを説いた。有名な日蓮の辻説法である。すでにふれた「念仏無間、禅天魔、真言亡国、律国賊」という文言は、他宗を攻撃するときに日蓮が使った言葉として有名である。このとおりに叫んだかどうかについては、はっきりしない。しかしこれに近い内容で他宗を攻撃していたことは疑いない。日蓮のいい方には妥協がない。純粋な『法華経』信仰を貫き、日本を守るためである。

次のようなエピソードもあった。ある時期鎌倉では日照りが続き、非常に困った。とうとう雨乞いをすることになった。当時奈良の西大寺から来た真言律宗の忍性《にんしょう》は、北条一門の帰依をうけ、祈雨つまりは雨乞いの法にも大いに能力があるとして知られていた。日蓮はこの忍性に雨乞いの力比べを挑んだのである。

最初に忍性が雨乞いをはじめた。ところがなかなか雨が降らない。何日も何日も心をこめてお経を読み、祈ってもだめであった。日蓮はあざ笑い、だから律宗は何の役にも立たないといったろうと罵った。忍性は面目まるつぶれであった。

他宗の僧侶や檀信徒が日蓮に対して憤激したのは自然のなりゆきであろう。以前にもまして彼らは日蓮に危害を加えはじめた。彼らにとって始末におえないことには、日蓮はこれをうけてますます意気軒昂《けんこう》、おおいに張りきったことである。弾圧されればされるほど、自分の正しいことが証明されると思うのであるからたまらない。しだいに増えはじめた日蓮の信者にとっては、日蓮はまさに快男児、苦しいなかで絶対的に信頼できる指導者であった。

では幕府の要人の目に、このころの日蓮はどのように映っていたのであろうか。おもしろいことに、彼らは日蓮を信用しはじめていたのである。『法華経』はともかくとしよう。しかし日蓮の予言能力はたいしたものではないか。外国の日本侵略をいいあてたではないか。この国難の今後の予測に対して、彼は役に立つのではあるまいか。

他方、幕府の要人たちにしてみれば、あまりに日蓮は騒ぎすぎると思わざるをえなかった。幕府とてモンゴルに対して懸命に対策をたてている。世の人びとをいたずらに恐怖に陥れないでほしい。たまらなくなった北条時宗をはじめとする幕府の要人たちは、とうとう日蓮を逮捕し、鎌倉郊外の竜の口で首を切ることになった。文永八年（一二七一）、日蓮五〇歳のときである。首を切る理由は「他人に対して悪口をいう罪」、幕府や他宗の悪口をいうことである。「悪口の咎《とが》」であった。

竜の口の刑場においてまさに首を切られそうになったとき、にわかに空が真っ暗になって雷が鳴りだし、ピカッと光ったかと思うと、今しも日蓮の首を切らんと振りかぶった首切り役人の刀に雷が落ちて、刀はバラバラに折れ飛んだ――と、日蓮はのちになって信者に書き送っている。こうして日蓮の首を切るのはとりやめとなり、命を助けて流罪とすることとなった。

戦いの一生

日蓮の命が危ういところで助かったのは事実であるが、その理由は北条時宗の妻が懐妊したことによる恩赦であろうというのが近年の考え方である。せっかくお腹に赤ちゃんを授かったのに、その夫が人殺しをしては無事な誕生に差しさわりがあろうというのである。

しかし、命が助かったのは日蓮からみれば、これぞ『法華経』の霊力のおかげである。殉教僧とはいっても、何もすぐ死にたいわけではない。日蓮はますます『法華経』に対する信仰を深めた。

日蓮の流罪先は佐渡が島であった。季節はちょうど冬。厳しい雪のなかでの流人生活は、五〇歳の体にはひどくこたえた。また鎌倉や関東地方にすでに二百数十人以上もいた日蓮の信者たちは、幕府の弾圧をうけ、壊滅的な状態となった。日蓮はひたすら自分を慕ってくれる多くの人たちのために涙を流す。

それでも日蓮は、やがて必ず『法華経』と自分の正しいことが事実として証明される、いやこのように大弾圧をうけること自体が正しさの証明であると、歯を食いしばって佐渡での生活に耐えぬく。しかしいつまでも圧迫されることについて考察をめぐらし、諸宗派の状況、今後の『法華経』の信者のあり方などを何冊かの書物にまとめた。その成果が『立正安国論』と並ぶ彼の代表的著作である『開目抄』であり、『観心本尊抄』である。

後世の日蓮宗で「佐前」「佐後」といういい方が生まれた。佐渡流罪以前、佐渡流罪以後という意味である。佐渡での体験はよほど日蓮の思索を深めたとみえ、よりすぐれた指導者としてうけとられていくのである。佐渡以後、日蓮は思想的には真言宗の呪術的要素を強く否定するようになる。

文永一一年（一二七四）二月、日蓮は約二年半ぶりに流罪を許されて鎌倉に帰ってきた。最初のモンゴル襲来の直前である。

鎌倉幕府は早速日蓮を呼びだし、今後のモンゴルの出方、直接には襲来の時期についての予測を尋ねた。また怨敵退散の祈禱を要請したようである。流罪にしたとはいえ、幕府の当局者は外交問題については日蓮を信用している。

しかしむろん、日蓮が祈禱を承知するはずがない。彼は、『法華経』を信仰することと他宗の教えをすべて捨てることを、前二回についで迫った。前二回とは、最初は文応元年（一二六〇）北条時頼に対して、次は文永五年（一二六八）に新たな国王である北条時宗に対してである。日本国王に対して『法華経』のみを信じるよう、三回にわたって勧めたことになる。いわゆる三度の国王諫暁《かんぎょう》である。しかし日本国王は日蓮の勧めをうけ入れなかった。失望した日蓮は三度勧めてもだめだからと、鎌倉から退き、山のなかに隠棲《いんせい》することになる。場所は信者のひとりの領地である甲斐国《かいのくに》身延山《みのぶさん》であった。

まもなくモンゴルの大軍は海を越えて攻めよせてきた。しかし日本は滅びず、逆にモンゴルは逃げ帰った。この時点では日蓮の予言ははずれたことになる。もちろん、モンゴルはまた襲ってこようとしているのであり、幕府や朝廷の要職の者は眠れない日が続く。北条時宗が三〇代のなかばになるやならずで早死にしたのは、この間の苦労が原因であろうといわれている。

日蓮の体力も落ちはじめていた。彼は身延山に一〇年住むが、夏の暑さや湿気、冬の寒さにしだいに体をこわし、常陸《ひたち》の湯で療養することになった。しかしそこまでの体力がもたず、武蔵の池上で亡くなった。

日蓮の一生は、『法華経』のためには死をも恐れず、現世にすばらしい世界を作るのであると、行動し戦った人生であった。その姿勢がしだいに多くの信者を生んでいったのであった。

六　一遍——捨てよ、捨てよ、捨てよ

遊行一六年

「遊行」と書いて「ゆぎょう」と読む。むずかしいことばである。もともとは仏教の用語で、仏教の経典が中国語に翻訳されたときに、「遊行」という二字の熟語が作られたのである。「僧侶が修行のために各地をめぐり歩くこと」というのが本来の意味である。

「遊行」は一遍だけの問題ではなかったが、一遍の場合には、家庭を捨て財産を捨て、「すべてを捨てきった」という帽子がかぶせられる。このようにいえば立派に聞こえるけれど、「なに、そんなに偉いものじゃない、家庭がいやで飛び出しただけだろう」といわれれば、それもそうかなとおもわせるだけの理由はある。

この世のなかには、家庭を捨てて飛び出したい男や女がたくさんいる。飛び出しっきりにならなくとも、しばらくの間行方不明になりたい者はもっといる。家庭に疲れ、生活に疲れ、多くの者はそれでも踏みとどまっている。しかし決心して、あるいはふらふらっと、家を出てしまっている者は現在もいるはずである。

「リフレッシュ」――元気を回復させるために旅行に出るのが、普通の人にできることのせいぜいである。それでも、知らない所へ行って風景を楽しんだり、思わぬ人情に触れたりするのはうれしいことである。

日常と非日常ということばがある。もちろん、日常とはふだんの生活のことである。非日常というのは、お祭りや神事、つまりは冠婚葬祭、民俗学でいうところのハレの日のことである。ハレは人間生活の活性化のために必要なものなのであろう。普通の人はハレの日が終わると、また次のハレの日を楽しみにがんばる、という筋書きとなる。

家を飛び出しっきりになるというのは、日常の生活のなかにはあるはずがない。それは非日常の世界に入りこんでしまうことである。普通の人にはなかなかできることではない。しかし魅力がある。というわけで、現代人のなかにも、「遊行」すれすれのところで生活している人もいる。

一遍はすべてを捨て、遊行に一六年もの長い時間を過ごした。彼は常に「捨てよ、捨てよ」と強調した。しかし、捨てよ、捨てよといったところで、いったい何を捨てるのであろう。すみかを捨てるのはわかるとして、他に何と何とを捨てるのであろう。

またなぜ一遍は、それらを捨てることに徹しなければならなかったのか。現代の私たちだとていろいろ捨てたいことはあるけれど、すべてを捨てることに徹しようというのは容易なことではない。一遍の場合、そうさせたのは何だったのか。

物欲の醜さ

一遍が生まれたのは延応元年（一二三九）、場所は伊予国《いよのくに》道後である。今日の愛媛県松山市の郊外、道後温泉の繁華街を通りぬけた一角にある、宝厳寺という時宗の寺がその生誕の場所である。正確には、この宝厳寺の別院で生まれたという。ちなみに道後温泉は夏目漱石の小説『坊っちゃん』で知られている。

一遍の出身の家族は、瀬戸内海地方でよく知られた河野氏である。平安時代後期以来、河野氏は海賊として勇名を馳《は》せていた。海賊とは海の上の武士、つまりは海軍のことである。これは水軍ともいう。「海賊」「水軍」ともにそのころのことばである。

鎌倉幕府の創立のはじめ、源頼朝が伊豆国で兵をあげ、弟の義経が壇ノ浦で平氏を全滅させたとき、源氏方の軍船の中心になったのは河野通信率いる河野水軍であった。この功績のおかげで、河野氏は鎌倉幕府のなかで有力な位置を占め、伊予国でもっとも優勢な豪族となった。

しかし承久三年（一二二一）の承久の乱で朝廷方と幕府方とが戦ったとき、河野一族の多くは朝廷方に味方し、敗れてしまった。このため通信自身は奥州に流され、一族の多くの者が殺され、領地も大幅に削られた。

河野氏は悲運のどん底に落ちた。このなかで生き残った通信の子の一人、通広の子が一遍であった。ここで一遍は、生まれたときから物欲の恐ろしさを知ることになる。

そのころ、武士の親から子への財産の相続は「分割相続」が一般的であった。子どものうちの一人だけが全部の財産を相続するのではなく、皆に分けるのである。たとえば、今日の金額でいって資産一〇〇〇万円の親に子どもが五人いれば、譲られる財産は一人平均二〇〇万円である。そしてそれぞれがまた五人ずつ子どもが五人いれば、譲られる財産は一人平均四〇万円となる。なんと祖父の代の二五分の一の財産しかないことになってしまう。

人間一代の年数の平均は約三〇年であるといわれていた。つまり数十年たつと三代目になり、財産が極端に減る。武士たちは財産、特にそのころ富を生みだすもとであった土地の獲得に努力し、他人の領地を奪いとってしまおうと奔走していた。

承久の乱で敗れた河野一族では、領地不足と貧困はいっそう深刻になっていたはずである。昔の栄華をなつかしむ老人。領地をとり合う壮年。財産の少しでも多い譲与をねらう若者——きれいごとではすまない。そうしなければ家族もろともに飢えるのである。河野一族には「物欲」をめぐる争いがおおっぴらに、また陰湿に続いていた。

これは単なる推測ではない。一遍の伝記を描いた『遊《ゆ》行《ぎよう》上人《じようにん》縁起《えんぎ》絵《え》』によると、一遍は一族の者の恨みを買い、四人に襲われて斬り殺されそうになったという。しかし、傷をうけながら相手の太刀を奪いとって逃げ出し、からくも命は助かった。襲われた原因は家督争いだという。

『一遍上人年譜略』によると、一遍の兄の通真が家督をついでいたが、亡くなったので弟の通政が家督となることになった。家督というのは一家の主人であり、領地などの財産がついている。ところが親類のなかでこの家督を奪いとろうという者たちが出て、手はじめに一遍を殺そうとした。一遍は傷をうけながら相手の太刀を奪いとって命は助かった。しかし相手は醜い計画が明るみに出てしまって自殺した。

親しかるべき一族の間でも殺しあいをさせてしまう物欲の恐ろしさに、一遍は心底、魂が冷えた。『一遍上人年譜略』に、次のようにある。

師、貪欲《どんよく》の畏《おそ》るべきを感じ、世の幻化を覚す。故に古郷を辞す。

「師（一遍）は貪欲の恐ろしさを感じ、世の中の空しいことを覚った。そこで故郷を捨てた」。

感受性の強かった一遍は、小さいころからの一族の物欲の争いとその醜さが、心に暗い印象として残っていた。彼は一〇歳すぎに出家し、二五歳のときいったん還俗して俗人に戻っていた。それが三〇代のなかばに家督争いと財産争いに直接巻きこまれると、その醜さに一挙に俗人の生活に嫌気がさしてしまった。物欲とそれに対する執着心。もういやだ。こんなものは人間としてほんとうの生活ではない。故郷を離れよう。ふたたび出家しよう。

妾の髪が蛇になる

もうひとつ、次の話が一遍の再出家に関して語り伝えられている。

一遍には寵愛していた二人の妾《めかけ》があった。この二人はふだん仲がよく、一遍は安心していた。愛人どうしに喧嘩されたのではかなわない。男の勝手な理屈である。しかしともかく気楽に過ごす一遍は、ある日二人が頭を突き合わせて昼寝をしている場面にでくわした。それをほほえましく一遍がみていると、愛人たちの髪の毛がたちまち無数の小さな蛇となって食い合いをはじめた。女性どおしの嫉妬である。

ふだんはいくら表面的に仲のよい様子をよそおっていても、愛人たちは一遍をめぐって、心のなかで嫉妬の炎を燃やしていたのである。自分も知らないうちにそのなかに巻きこまれていた。これでは地獄におちる。しかもその原因を作ったのは自分である。

一遍は自分がきっかけとなった性欲——異性に対する執着心の恐ろしさに気がつき、この生活を捨てる決心をした。

この話は『北条九代記』という本に出ている。内容として一〇〇パーセント正しいと信用できる話ではない。しかしいかにもありそうな話である。

一遍は再出家して遊行に旅立つとき、妻と娘とを連れていた。そのことを伝える『一遍聖絵』には、特に注をつけて「このことには特別に深い理由があるのだけれども、煩雑なのでそれを記すのは省略する」と書かれているのである。したがって理由は不明であるが、遊行に旅立つ一遍が、妻子をおいてきぼりにできなかったことだけは確かである。つまりは妻との関係を断ち切ることはできなかったのである。

一遍は性欲の強い人間だったのであろう。あるいはこのような表現がきつすぎるのだとしたら、彼は女性に対するこまやかな感情、つまりは執着がありすぎたのである。そしてそれについての彼自身の悩みが深かったということになる。こうして一遍はふたたび出家生活に入る。

とにかく捨てよう

『一遍聖絵』では、再出家にあたっての一遍の心境を次のように述べている。

在家にして精進ならんよりは、山林にしてねぶらんにはしかじと仏もをしへ給へり。

「家族を持って、心地よい生活をして念仏を唱える努力をしているより、出家して山林で野宿するほうがよっぽどよいと釈迦は教えてくださった」。一遍の再出家は、文永八年（一二七一）ころのことである。

再出家した一遍は、信濃国《しなののくに》善光寺における参籠《さんろう》で悟りの境地に達した。その内容は、阿弥陀仏は十劫というはるか昔に、「南無阿弥陀仏」と唱えた者をすべて救うとしてくれているので、私たちは念仏を唱えれば必ず極楽浄土へ迎えとってもらえる、というものであった。

一遍の教えは、日本の浄土教史上でも特異な位置を占める。「南無阿弥陀仏」と念仏を唱えることは共通している。しかし一遍の場合、法然のように念仏を懸命に唱えることによって阿弥陀仏に救ってもらおうというのではない。また親鸞のように阿弥陀仏の救済の力は広大無辺、すべてをお任せしよう、というのでもない。「南無阿弥陀仏」という名号《みょうごう》に救済の絶対力を認め、ひたすらこの名号の世界へ入ろうという内容なのである。

確かに、「南無阿弥陀仏」と唱えることによって救ってもらえるのであったなら、この名号に不可思議な力があるのではないかと考えることもできよう。かくして一遍の信仰は名号至上主義である。このことを示した彼の漢詩がある。

六字の中、

本無生死。

一声の間に、

則ち無生を証す。

『南無阿弥陀仏』という六字のなかには、生もなければ死もないという人間本来の悟りの境地がこめられている。一声『南無阿弥陀仏』と唱えるだけで、すぐさま悟りが現れる」。

そして一遍はこの念仏を広めるため、会う人ごとに「南無阿弥陀仏」と記された紙の念仏札を配って歩いた。

紀伊国《きいのくに》熊野神社へ参詣の途中、一遍はこの紙の念仏札のうけとりを拒否する人物に出会った。乞食のように汚い姿の一遍など、とても信用する気にならないというわけである。一遍は大いに悩んだ。

しかし熊野神社に参籠することにより、熊野神から、

「人間の救いは十劫の昔に定まっていることである。人間であるお前が人びとを救えるわけでは

ない。気にせず念仏札を配りなさい」

というお告げを夢のなかであたえられ、阿弥陀仏の救いの大きさにいっそう信仰心を深めたという。当時、熊野神は阿弥陀仏と同体といわれて信仰を集めていた。

こうして一遍は、ともかく徹底して念仏のみに生きようとする。すべてを捨てなければ念仏のみに生きたことにはなるまい。まして自分は、物欲と性欲が人間を醜くすることを知っている。多少なりともこれらを残しておいたのでは地獄におちる。とにかく捨てよう。

苦行という快楽

一遍の思想を示す金沢文庫本『播州法語集《ばんしゅう》』には、次のようにある。

念仏の機に三品あり。上根は妻子を帯し家にありながら着《ちゃく》せずして往生す。中根は妻子をすつといへども住所と衣食とを帯し着せずして往生す。下根は万事を捨離して往生す。我等は下根の者なれば一切をすてずば、さだめて臨終に諸事に着して往生を損ずべきものなり。

「念仏を唱える人間は、極楽浄土へ往生できる能力に関し三種類に分けられる。もっともすぐれた者（上根）は、妻と子をもち家に住んでいても、それらに執着せず（着せず）に往生することができる。中間の能力の者（中根）は妻と子は捨てなければならないが、家をもっていて『衣』『食』とを普通にしていても、執着せずに極楽往生できる。

もっとも能力のない者（下根）は、すべてを捨てることによって往生することができるのである。

私は最後の者（下根）なので、ただでさえ往生する能力はないのに、妻子・住所・衣食のすべてを捨てていなければ、臨終にもろもろのことに執着が残り、往生ができなくなってしまう」。

そして同書に、

　然ば衣食住の三、我と求る事なかれ。天運にまかすべし。

「衣食住の三つは自分から求めてはいけない。天運に任せなさい」とあるような教えとなる。

こうして一遍は妻子も捨てた。一人になって遊行に徹し、おもうさま各地を歩きまわる。食物がろくになくとも、あまり気にならないたちである。着物はしだいにボロになってきた。みかねたある僧が、一遍に衣を恵んでくれたりした。また野宿の夜も多く、朝露で目がさめることもしばしばであった。

それでも一遍にとっては充実した毎日であった。苦しいことがあったとしても、必ずしもそれを苦しいとは感じなかった。むしろ快感であった。「捨てること」の快感。物欲・性欲の悩みや、これらに対する執着の結果生まれる堕地獄の恐れ。一遍はすべてから解放された。本心から気分がよくないわけはあるまい。

遊行は一種の苦行である。しかし苦行に徹することができれば、肉体的にも快感に変わる。単なる気分だけの問題ではない。現代医学の研究によれば、苦行を続けていると頭のなかに特殊な成分（いわゆる「快感物資」）が生まれてきて、それが快感を感じさせるのだという。非常に興味深いことに、その特殊な成分とは、麻薬を体内に吸収したときに生まれる成分と似ているのだという。

なるほど、そういうことであろうか。そういえば筆者にも思いあたるふしがある。実際に麻薬を使ったことはないけれど、話として納得できる。単に「肉体的に苦しい」だけであったら、何千年もの昔から、数えきれない人々が苦行に走ることはなかったろう。なるほど、快感を求めていた——。遊行と麻薬との関係うんぬんに納得できない方もいるであろうが、筆者としては「苦行の医学的分析」をさらにすすめてほしいと思っている。

さて、一遍は四年間にわたって遊行を続けた。主に九州であった。苦しいけれど、さっぱりして楽しい日々であったといえようか。おもしろいことに、このような一遍の信仰生活に魅力を感じる者たちが次々に現れた。それだけ執着心に関して悩みの深い人は多く、捨てることに徹した一遍の姿は魅力的だったのである。彼らにとって一遍は理想の灯であった。

昔から、仏・菩薩は金色に輝くすばらしい姿をしているとはかぎらないという考え方があった。「乞食のなかにこそ、仏・菩薩はいらっしゃるのだ」と『今昔物語集』にも説いてある。ボロをまとった一遍の姿が仏・菩薩にみえ、一遍のことを「とうとい捨聖《すてひじり》」と呼ぶ者も現れた。

こうして一遍に入門を求める者たちが多くなってきた。当然、一遍は断った。せっかくすべてを捨てて気持ちよく遊行しているのに、また面倒な人間関係に巻きこまれるのはかなわない。遊行したいのなら勝手にやってくれ。

しかし、とうとう四年目から入門を認めるようになり、弟子を引き連れての遊行がはじまった。その弟子たち――これを時衆と呼ぶ――は間もなく数十名にもふくれあがった。もう孤独の遊行ではない。

踊り念仏誕生

一遍といえば、遊行より踊り念仏のほうが知られている。踊り念仏というのは、文字どおり踊りながら念仏を唱えるのである。熱狂的な人気を博したといい、これを一遍が開始したというのである。これが安土桃山時代の出雲阿国の念仏踊りや、今日の盆踊りにつながったともいわれている。しかし、踊りながら念仏を唱えるとはいったい何だろう？　それに一遍の捨てる生活とどのような関係があるのだろうか。

一遍が踊り念仏をはじめたのは弘安二年（一二七九）のことである。場所は信濃国伴野であった。現在の長野県佐久市伴野である。ここのある武士の家に招かれ、時衆といっしょに庭で念仏を唱えていた。

すると一遍の心は、大勢のさまざまの声のなかでしだいに澄みわたってきた。念仏に対する信心の気持ちが静かに湧《わ》きあがり、体が踊り出すような喜びの気持がこみあげて、うれしさのあまり涙が自然にこぼれ落ちてきた。まわりの時衆も同じ気持だったらしい。

そこで皆で声を合わせて念仏を唱え、提《ひさげ》（鍋形の鉢）をたたいて踊りまわった。これが『遊行上人縁起絵』が伝える踊り念仏開始の場面である。早い話、皆で一生懸命念仏を唱えていたら、だんだん気持が昂揚《こうよう》し、とうとう恍惚《こうこつ》状態（エクスタシー）に入ってしまい、手をあげ足を踏みならし、念仏を唱えながら暴れまわったのである。

この弘安二年という年は、おりしもモンゴルの襲来の第一回と第二回との中間の時期であった。外国の軍隊が攻めてくることの恐ろしさが実感としてわかり、日本の国中に不安が渦巻いていた。一種の興奮状態である。こうしたなかで、もう何も捨てるもののない時衆の僧や尼が、「南無阿弥陀仏」と声高に叫びながら踊りまわるのは、壮観でもあったろうし、またグイグイひきつける魅力をもっていたと思われる。

確かに見物人たちは、踊り念仏が気に入った。底知れぬ不安感を一時的に忘れさせてくれるものでもあったと思われる。以後、踊り念仏は各地でおこなわれ、人びとに大いに歓迎されたのである。

捨てることによる成功

踊り念仏と念仏札とを擁した捨聖の遊行集団——一遍と時衆たちをむずかしくいえば、このように表現できるであろう。集団を形づくることだけでも、「捨てよ、捨てよ」の精神からはずれかかっているような気がするが、しかし念仏を広めようというのが一遍の目的にある以上、やむを得ない。

遊行集団の先頭に立つ一遍は、九州から中国・近畿・中部・奥州・関東と、それこそ日本中を歩きまわった。雨の日も風の日も雪の日もである。あるとき、北関東から南へくだってきた一遍たちは、鎌倉へ入ろうとした。弘安五年（一二八二）のことである。幕府の存在する鎌倉の市街の警備は厳しく、ほんとうは数十人の乞食坊主の集団など、とても鎌倉の市街へ入れるみこみはなかったのである。それでも、ぜひ乗りこんで自分の信仰を広めようとの決心のもとに鎌倉に入ろうとする。すると悪いことに、幕府の実権を握る北条時宗と出会うが、押して通ろうとする。しかしこれは無理で、一遍は時宗の家来に殴られる。もう何ものをも恐れる気持のない一遍は、鎌倉へ入れなければここで死ぬと宣言する。結局、鎌倉へは入れなかったけれど、一遍の態度に感動した鎌倉の町の人たちが大勢集まってきて歓迎し、念仏をうけたという。

あるいは次のようなこともあった。弘安六年（一二八三）、一遍たちは尾張国《おわりのくに》西部にある甚目寺で七日間の法要をはじめた。甚目寺は今日の愛知県あま市甚目寺の地にあり、この地方で有名な寺である。寺の僧侶たちも一遍を歓迎しているのであるが、なにせ時衆の数も多く、寺の食料が底をついてしまった。

これを知った一遍は、「気にしないでほしい。これからは断食して法要を続ける。一週間くらい断食しても死ぬことはない。まして法要という大切なことをおこなっているのである。なんとしても予定どおりに実行する」と宣言する。食欲・物欲を捨てている一遍にとって、一週間近くの断食などまったく物の数ではないのである。

ところが、この甚目寺の近くにある萱津宿《かやづのしゅく》に住む金持ち二人が、一遍の覚悟に感動して大金を寄付してくれた。夢に甚目寺の本尊の脇にいる毘沙門天《びしやもんてん》が現れ、私に大切なお客がきたから、どうしても援助してほしいと依頼されたからともいう。

あるいは翌弘安七年に京都へ入ったとき、町の人たちから大歓迎をうけた。四条京極の釈迦堂にいたときなど、おしかけてきた貴賤上下が身動きもできないほどであったと、『一遍聖絵』は伝える。

このように、一遍の布教の実《じつ》はあがった。その観点からいえば、捨てることによる一遍の人生は成功であったと思われる。

自分の遺品も残さない

しかし考えてみれば、弟子を連れながら「捨てよ、捨てよ」の遊行は奇妙である。その点、一遍はよくわかっていた。彼自身、内心の弱さを押し隠すように、「捨てよ、捨てよ」と自分および弟子にむかっていい続けた。もちろん、実際にはいろいろな問題が起きる。

弘安六年、近江国草津にいたときの夜中、にわかに雷が鳴り響き、雨荒く風が激しく吹きはじめた。一遍は「ただ今、念仏をうけるために伊勢大神宮と比叡山の山王大権現がいらっしゃった。時衆のなかでほんとうの信心をもっていない者は、山王のお供の小神たちの罰をうけ、病気になるぞ」と告げた。翌朝、病気になった者はいるかと一遍が尋ねたところ、一三人の者が病気になっていたという。

この逸話から、時衆を引き連れての遊行をはじめてから七年、一遍の気持をほんとうには理解していない時衆がそろそろ多くなってきて、一遍が手を焼いている様子がうかがえる。

弘安七年、山城国《やましろのくに》の桂（現在の京都市）において、おりから病床にあった一遍はつくづく考え、時衆の男女関係のことを問題にした。

「お互い、現実には男であり女であるが、その男女の形を超越することができれば、救いの世界が現れる。しかし、いつまでも異性に執着しているようでは、ほんとうの救いは得られないぞ」。

まあ僧尼がいっしょに何年も生活していて、愛欲、つまりは性欲の問題の発生を完全に押さえきるのは無理であろう。一遍がそのことをわからないとは思えない。そしてそこに一遍の苦労があった。

正応二年（一二八九）、とうとう一遍は兵庫の観音堂で亡くなったが、その直前、弟子たちに遺言している。救済や悟りとは、すべては自分自身の問題なのだ、と次のように述べる。

「自分が決心して救われようとしないかぎり、過去の世・現在の世・未来の世に無数にいらっしゃる仏様たちも救うことはできない」。

またこの少し前、一遍は自分の書いたものなどすべてを焼き捨ててしまった。弟子たちが一遍の遺品に執着しないようにというのである。いかにも「捨聖」らしいというべきであろう。

一代聖教みなつきて、南無阿弥陀仏になりはてぬ。

「釈迦が一生の間に記された膨大な経典の教えの根幹は、ただひとつ、『南無阿弥陀仏』という言葉につきる」。他には何も必要ないし、むしろ極楽往生には邪魔である。

こうして、「捨てる」ことに徹しようと努力した一遍の一生は五一歳で終わりを告げたのである。

七　尊雲（護良親王）―大僧正から征夷大将軍へ

皇子たちの悲しい出家

後醍醐天皇の皇子の尊雲《そんうん》。父天皇の鎌倉幕府を倒す活動に共鳴し、その目的を達したけれども、やがて父にうとまれて悲劇的な最期をとげる。尊雲は普通、その尊雲という法名よりも、護良《もりよし》親王という俗名で知られている。彼は天皇の皇子でありながら、というより、皇子であるからこそ出家の身となった。

当時の皇族は、皇太子やその候補者を除き、すべて出家することになっていた。それはもう、平安時代の後半からそのような習慣であった。代々の天皇から、多いときには何十人もの皇子・皇女が生まれるのであるから、朝廷の財政はたまったものではない。そこで平安時代は出家させたり、平《たいら》や源《みなもと》の姓をあたえて臣下にくだしたりして、朝廷の負担を極力軽くしていた。

鎌倉時代は賜姓《しせい》はなく、ただ出家である。もちろん皇位争いをあらかじめ断ち切ってしまう意味もある。皇子たちの人生に選択の余地はなかったのであるから、気の毒であったともいえる。

この習慣にしたがって、護良も寺へ送られた。しかし庶民にとって、同じ僧侶ではあるが、天皇の血筋に直接つながる者には何か大きな力があるような気がする。いや、それを期待するという方が正確である。

そして武略の能力にすぐれた護良は、鎌倉幕府を倒すために縦横の働きをする。その途中で還俗するけれども、最初から俗人であったより、僧侶であったことで逆によけいその魅力を増したようにみえる。アウトサイダーであるがゆえに、より力強く権力の中枢に食いこんだということであろうか。

後醍醐天皇第三皇子

護良の父後醍醐天皇には、多くの子女があった。いろいろな系図によってその数は異なるが、応永三三年（一四二六）に成立した『本朝皇胤《こういん》紹運録』という系図では、皇子一七人、皇女一五人を載せている。護良は尊良・世良につぐ三番目の皇子で、延慶元年（一三〇八）に生まれている。ただし、いずれの皇子も母親が違う。護良の母は日野経光の娘の経子であった。日野氏は中級程度の貴族であるが、儒教を家の特色としていたためか、すでに述べたように政治の転換期などに顔を出すことが多い。護良はこの日野家の血を半分引いていることになる。

ちなみに、護良は昔から「大塔宮護良」親王と書いて、「だいとうのみや・もりなが」親王と呼びならわされてきた。しかし「おおとうのみや・もりよし」と呼ぶのが正しい。なぜなら「大塔」については、護良の出家後の御所が京都東山岡崎の六勝寺の大塔（おおとう・九重塔）であること、「護良」の「良」については、南北朝・室町時代の諸書に「ヨシ」とあることがその根拠である。「だいとうのみや・もりなが」親王のほうがさっそうとして力強い印象があるが、事実は事実でやむを得ない。

護良の母経子は、もともと後醍醐天皇の祖父亀山天皇に仕えていた。亀山天皇は嘉元三年（一三〇五）に亡くなるが、翌年経子は皇子を生む。のちに出家した尊珍である。

経子はやがて後醍醐天皇のもとに仕えるようになり、この天皇の皇子を三年後の延慶元年に生んだ。護良である。後醍醐天皇はこのとき二一歳、経子は三〇代なかばに近かったようである。後醍醐天皇の第一皇子の尊良親王と第二皇子の世良親王は徳治元年（一三〇六）から延慶元年にかけて生まれているから、後醍醐天皇のまわりは一挙ににぎやかになった。

それにしても護良にとって、尊珍は母方からいえば兄、父方からいえば大叔父（祖父の弟）である。おかしいわけではないが、やはりこの兄弟関係は何か異様である。その異様さが護良の威力になっているともいえる。そのせいでもあるまいが、また儒学の家日野の雰囲気を身につけていたのか、護良は注目される人格であった。『太平記』に、

御幼稚の時より利根聡明に御坐せしかば、君御位をば此宮に社《こそ》と思食したりし、

「幼児の時から利発で賢いので、『君』（後醍醐天皇）はこの皇子に天皇の位を譲ろうと考えた」とある。同じく『太平記』に、

一を聞て十を悟る御器量、世に又類も無りしかば、

とあり、また『増鏡』に、

いかで習はせ給ひけるにか、弓引く道にもたけく、おおかた御本性はやりかにおはして、

とあって、護良が武芸好きで、性格も「はやりか」（勇敢）であったと伝えている。

もっとも護良の母の出身については他の説もあり、幼年時代のはっきりしたことは不明である。鎌倉幕府を倒す活動にあたり、後醍醐天皇が護良を頼りにしたことは事実であるが、護良を天皇にうんぬんは『太平記』の潤色であろう。

天台座主の地位にのぼる

後醍醐天皇は文保二年（一三一八）に天皇の位についた。しかし、天皇家のなかにおける彼の立場は弱かった。当時、天皇家は持明院統と大覚寺統に分かれて争っていた。大覚寺統は亀山天皇の系統で、持明院統はその同母の兄後深草天皇の系統である。後醍醐天皇は大覚寺統であった。天皇位には、鎌倉時代のなかば以来両系統が交替でついていた。しかし困ったことに、両系統なかでもそれぞれ二つの系統に分かれて天皇の位を争うようになり、収拾がつかなくなりかかっていた。つまり、天皇家が四つに分かれようとしていたのである。

そこで朝廷の依頼によって幕府がなかに入り、今後の天皇の順番や、在位年数の目安など調停案を作った。後醍醐の即位の前年、文保元年のことである。これは文保の御和談といわれている。後醍醐天皇には、二代前に天皇位についた兄の後二条天皇がいる。そしてこの二人が属する大覚寺統のなかでは、以後天皇の位には後二条天皇の子孫のみがつくことになった。

後醍醐天皇の立場は微妙である。彼は大覚寺統という弟の系統の、そのまた弟の系統である。いわば四番目である。しかも黙っていたら彼の子孫は永久に天皇の位につくことはできない。自分は能力のあるすぐれた人物なのに、どうしてこんなことになったのか。それは家来であるべき幕府が、主人顔をして天皇位の決定に介入したからである。文保の御和談のことである。我がもの顔に振る舞う幕府を倒そう。こうして後醍醐天皇の討幕運動がはじまる。

しかし考えてみれば、天皇の後継ぎ争いに疲れはてた天皇家が、頼みこんで幕府に調停に入ってもらったのである。後醍醐天皇自身、この調停がなければ無事に天皇の位につけたかどうか。はっきりいえば、討幕運動は後醍醐天皇の幕府に対する逆恨《さかうら》みである。それにしても、元亨元年（一三二一）、院政をやめた父の後宇多天皇に代わって親政をおこなうようになってから、後醍醐天皇の討幕活動は積極化した。

やがて護良は延暦寺の梶井門跡《もんぜき》の一塔頭《たっちゅう》の大塔に入った。一〇代のなかばと思われる。嘉暦元年（一三二六）、一九歳のときに正式に得度《とくど》して法親王となり、尊雲と名のって大僧正に任じられた。そしてはや翌年には天台座主《ざす》に就任している。天台座主は天台宗全体を統括する地位であり、僧兵を擁する延暦寺の住職でもある。後醍醐天皇の延暦寺とりこみ政策であった。

ここにいたるまでに、護良は前々任の天台座主の親源から密教の教えをうけ、僧正の仲円から経典を学んだ。仲円は延暦寺一山のなかで並ぶ者がいないといわれたほどのすぐれた学僧であった。『太平記』によると、護良は一を聞いて十を悟る器量の持ち主であったので、延暦寺の僧侶たちは「消なんとする法燈を挑《かか》げんこと、只此門主の御時なるべし」と喜び迎えたという。僧たちは護良の資質を十分に認めていたのである。

元徳元年（一三二九）一二月、護良は天台座主を辞任したが、一二月になるとふたたび任命された。翌年三月には後醍醐天皇が延暦寺に行幸し、大講堂で供養がおこなわれた。護良はこのときに目立った働きをしている。

しかし比叡山の中枢に入った護良の態度は、僧侶たちの期待に反したものであった。

今は行学ともに捨はてさせ給ひて、朝夕ただ武勇の御嗜の外は他事なし。

「現在は仏教修行や学問ともに捨ててしまわれ、毎日ただ武道の練習ばかりなさっておられる」というありさまであったと、『太平記』は伝える。

護良はすでに父後醍醐天皇の計画を聞かされ、それに共鳴し、目的にむかって突き進んでいたのである。武勇好きの性格がこの活動にむいていたものとみえる。

この間の正中元年（一三二四）、討幕計画は露見したが、後醍醐天皇はなんとかいい逃れることができた。家来に責任をかぶせたのである。

護良の出家と前後して、兄の尊珍も出家し、嘉暦元年には園城寺《おんじようじ》長吏に任命された。園城寺の支配者である。しかし元徳二年（一三三〇）には幕府によって捕らえられ、越前国《えちぜんのくに》に流されて、まもなく亡くなった。歴史の陰に隠れているけれど、後醍醐天皇の討幕活動で働かされた若い皇子たちのなかでの最初の犠牲者である。

討幕運動のリーダーへ

元弘元年（一三三一）、後醍醐天皇の討幕計画はふたたび洩《も》れた。前のときは穏便にすませた幕府も、今回は容赦しなかった。天皇は京都を脱出し、山城国の笠置山《かさぎやま》に籠るが、幕府の大軍の攻撃を受けて陥落、捕らえられて翌年三月に隠岐島《おきのしま》へ流された。護良はさまざまな苦労のすえ、ようやく行方をくらませることができた。そして還俗して護良親王の名に戻り、討幕活動の総指揮をとるようになったのである。

後醍醐天皇の他の皇子たちは、ある者は捕らえられ、ある者はまだ幼かった。これが護良が指揮をとるようになった一つの理由であろうが、やはり性格的・能力的に軍事面の指導者として適していたのであろう。『保暦間記』に、

此親王は（中略）天台座主に列《つらな》り賜しぞかし、御心武く渡せ給ひて、還俗し御座て、

と、「心が勇ましい」とあるとおりであろう。こうして護良は、楠木正成《くすのきまさしげ》その他の武士たちと連絡をとり合いながら活動を進めた。

この間、護良の出す令旨《りょうじ》が大いに効果をもたらした。令旨というのは、親王や皇子の命令書である。後醍醐天皇はその命令書である詔《しょう》・勅《ちょく》や綸旨《りんじ》を出せる状態にないのであるから、すぐれた武人として

の評判が高い護良の令旨はいっそう権威のあるものとなった。その令旨の内容は、協力を要請したり、軍兵を求めたり、領地をあたえたり、かなりに独自の判断で作ったものであった。

元弘三年（一三三三）閏《うるう》二月、後醍醐天皇は隠岐島から伯耆国《ほうきのくに》（現在の鳥取県西部）に脱出した。五月、鎌倉幕府は足利尊氏や楠木正成らの働きによって滅亡、幕府の最後の指導者北条高時は死に、後醍醐天皇は京都に帰ることができた。天皇不在の間、苦しい状況のなかを画策して反幕勢力をまとめあげた護良の功績は大きい。後醍醐天皇は感謝してしかるべきだったであろう。

しかし、天皇はしだいに護良をうとましく思いはじめた。それは、鎌倉幕府滅亡後の政治路線をめぐって考えが違っていたところに理由がある。後醍醐天皇は天皇親政を強くめざしていた。自分の理想をもって、日本を直接治めていこうとしていたのである。

これに対して、武人的な護良がめざしたのは、自分が征夷大将軍になって幕府を開こうということであった。それは元弘元年以来の足かけ三年にわたる実戦経験と、それに勝ち抜いた自信に裏打ちされていた。こうして後醍醐天皇と護良との対立はしだいに深刻なものとなっていった。それに、そこには第三の勢力が日毎に勢力を大きくしていた。足利尊氏の存在である。

足利尊氏は、もともと鎌倉幕府のなかにあって一七ヵ国に領地を有するという、北条氏に次ぐ大豪族であった。それだけに各地の武士に人気があった。尊氏自身、自分が征夷大将軍になって幕府を再興するという目的を持っていた。鎌倉幕府はつぶすべきであるが、武士の利益を守る幕府そのものは必要である、という考えである。鎌倉時代一五〇年の伝統を持つ足利氏の勢力は強い。

これに対し、護良の勢力基盤は、和泉国《いずみのくに》と紀伊国および大和国《やまとのくに》にしかすぎない。しかもまだほんの二、三年の実績しかない。このような背景のなかで護良が優位を得るには、尊氏に先制攻撃をかけざるを得ない。親政をめざす後醍醐天皇にとっても、尊氏の力が大きくなりすぎては困る。

ここに護良は天皇を動かして、朝廷の軍事権を把握する兵部卿《ひょうぶ》の地位と、加えて望みどおり征夷大将軍の地位をも得る。そしてその勢いで尊氏への恩賞を少なくさせることができた。『保暦間記』にも、

爰《ここ》に諸人賞を行はる。而るに尊氏昇殿官途は成たりけれども、指《さした》る恩賞もなし。其故は大塔宮還俗御坐て宮将軍と申けるが、さゝへ申させ給けり。


と、尊氏は「昇殿（朝廷の清涼殿に入れる身分。一人前の貴族になったことの象徴）」・「官途（官職をもらうこと）」は実現したけれど、護良が「さゝへ（邪魔すること）」たのでたいした恩賞はもらえなかったとしている。

ここに護良は宮将軍と呼ばれ、その政治的目的は達成されようとしているかにみえた。護良は、六月五日に後醍醐天皇が京都に帰ったときには、すでに征夷大将軍を自称していた。それは五月七日に京都の幕府勢力が壊滅してまもなくからであったらしい。正式の将軍任命は六月一三日であるが、ここまで護良は京都に入っておらず、尊氏の排除を画策していた。

後醍醐天皇は、護良に対して僧侶に戻ることを望んでいた。しかし護良はいうことをきかなかった。ここに天皇は護良の活動を押さえつけることを決意、実行に移しはじめた。正式の将軍任命のわずか三日後であった。

鎌倉での横死

日に日に大きくなる尊氏の勢力に対し、護良の焦燥感はつのっていた。後醍醐天皇が護良をうとましく思っているのもわかっている。建武元年（一三三四）一月、一〇歳の異母弟恒良が皇太子となる。他の幼い弟たちも育ってきて、天皇はそちらに期待をかけはじめた。護良の役割が終わってしまったことは明らかであった。

しかし護良は、父になんとか自分を評価してほしいという望みを捨てきれなかった。また天皇にも尊氏に対する強い警戒感があった。とうとう護良にひそかに命じ、六月に尊氏の屋敷を攻めさせた。しかし失敗、天皇は尊氏の強い抗議によって一〇月に護良を逮捕、翌月には鎌倉へ送った。天皇は護良を捨てることを決意したのである。

護良失脚の理由を、尊氏が阿野廉子《あののれんし》という後醍醐天皇の寵姫《ちようき》を通じ、護良のことを天皇に讒言《ざんげん》したからであると『太平記』は伝える。廉子は皇太子恒良の母である。廉子も護良を嫌っていた。尊氏は、

兵部卿親王、帝位を奪ひ奉らんために、諸国の兵を召し候。

「兵部卿親王（護良）が後醍醐天皇を追い払って自分が天皇になろうとの謀反をおこしている」と

讒言したというのである。真偽はわからないけれど、讒言合戦がはじまっており、そのなかで弱みをつかまれた天皇が護良に責任を転嫁したのである。

鎌倉には尊氏の弟の直義がいた。彼は護良を東光寺に作った牢に閉じこめた。その牢のなかで護良は、

武家よりも君のうらめしくわたらせ給ふと御独言ありける、

と、「武家（尊氏）」より「君（後醍醐天皇）」のほうがうらめしいと独り言をいっていたという。

そして京都の護良の勢力も壊滅し、護良自身は翌年七月、直義によって殺された。これは、北条高時の遺児時行が信濃国で兵をあげ、鎌倉に進軍してきたので、直義は難を避けるために鎌倉を脱出、そのどさくさにまぎれて護良を殺したのである。直接手をくだしたのは直義の家来淵辺伊賀守という者であった。

護良は、馬乗りになって自分の首をかき落とそうとする伊賀守の刀を口でくわえこみ、切っ先一寸あまりを食い切ったという。やっと首をとったけれど、あまりに恐ろしげな顔をしているので、伊賀守はその首をそのまま近くの藪に投げ捨てて逃げるように帰ったと、『太平記』は伝える。護良はまだ二八歳であった。

このの ち朝廷や、やがて成立した室町幕府のなかでは、護良に関する話題は不吉として避けられるようになった。護良は鎌倉幕府討滅の大功があったに違いないのに、父天皇にうとまれ、政敵に引き

渡されて横死。恨みをのんで死に、怨霊になったに相違ないと恐れられたからである。

しかし、大衆の護良に対する人気は高い。活躍したのはほんのわずかの期間でしかないが、すぐれた軍事的能力に対する賛美、悲劇的最後への同情が生まれた。いったんは出家してアウトサイダーの世界に入っていたことが、護良に異様な能力を獲得させたように大衆には思えるのである。

後醍醐天皇は皇子たちのうち、一〇人ちかくが父の意図に沿って戦いのなかに生きた。はじめは鎌倉幕府を倒すために、のちには南朝方として。その皇子たちのなかでも護良は特に注目されてきた。『太平記』をみればそれは明らかである。また五山文学で名高い義堂周信《ぎどうしゆうしん》という僧は、「東光（寺）に大塔兵部卿親王を弔う」という漢詩を作っている。すでに述べたように、兵部卿親王とは護良のことである。

さらに時代はくだって明治二年（一八六九）、東光寺跡の近くに護良を祀《まつ》る鎌倉宮が創建された。ここには今日にいたるまで多くの参拝者があり、毎年十月に境内でおこなわれる薪能《たきぎのう》は有名である。また民芸品として売られている幸運招来の獅子頭が人気があるのは、かつて護良が異様な能力をもっていたとされたことが背景にあるのであろう。

八　一　休――天下の破戒僧

人気ナンバーワン

「一休さん」といえば知らない人はあるまい。

「一休頓智話」といえば少し硬くなるが、「とんちの一休さん」ならば、これまたよく知られている。それも子どもの一休さんが、とんちで大人どもを手玉にとり、さっそうと歩いていくといったイメージである。

たとえば次のような話がある。

一休がとんちにすぐれていると聞いた将軍足利義満が、ひとつ試してみようと、自分の屋敷に一休を呼びよせた。一休がたずねていくと、玄関の衝立《ついたて》に、竹林のなかからこちらをにらんでいる大きな虎の絵が描いてある。義満は、この虎が暴れだしては困るので縄で縛ってほしいという。

衝立に描かれた虎を縛るなんて、さあ難題だ、さすがの一休も困ってあやまってしまうだろうかとまわりの者がみていると、一休は少しも困った顔をみせない。かいがいしくたすきを掛け、鉢巻《はちまき》きをし、縄をつかみ、「将軍様、準備ができましたから虎を衝立から追い出して下さい」と義満にむかっていったという。もちろん追い出すことなどできるわけはない。義満はしてやられ、ハハハと笑い、さすがはとんちの一休とまわりの者ともども感心したという。

うって変わって七〇代もなかばになってからの森女《しんじょ》（森侍者《しんじじゃ》）との愛欲生活。森女は四〇歳以上も年下の盲目の美女であった。その生活を一休は漢詩に表し続けた。常識からいえば、不道徳のきわみ、まともな僧のおこなうべきことではない。

しかし一休はまわりの批判も何のその、自分の生き方を軽快に押し通した。快僧たるゆえんである。彼は間違いなく、庶民の人気ナンバーワンを争う僧のひとりである。実をいえば、「一休頓智話」は江戸時代にまとめられたものであるが、ここには毒気を抜いた形での一休像が明るく描かれている。では「毒気」が抜かれていない快僧一休の姿を明らかにすることにしよう。

後小松天皇の第一皇子

一休は、応永元年（一三九四）一月一日に京都で生まれた。彼は生涯、自分の父親についておおやけにしなかったが、『一休和尚《おしょう》年譜』によると、その父は後小松天皇であるという。母は藤原氏の女性で、身籠ったまま御所を出なければならない事情があり、嵯峨野に隠れ住んで一休を産んだという。

その事情とは、『一休和尚年譜』には南朝がらみで書かれてある。一休の母は南朝のまわし者、彼女は後小松天皇を殺すために機会をうかがっている、という讒言《ざんげん》をする者が現れた。そこで、身を守るために嵯峨野に逃れたというのである。

一休の出生については以上のように伝えられてきたけれど、最近の研究によれば、南朝がらみではなく、足利義満がらみであるという。

一休が誕生するちょうど二年前に、数十年も続いた南北朝の動乱が終わっている。南朝の後亀山天皇が吉野から出てきて、北朝の後小松天皇に三種の神器を譲った。この南北朝の合一を実現したのは将軍足利義満である。そして義満は、単に武家として権力を強めようとしていただけではなく、天皇になって形式的にも日本最高の立場に立とうとしていたのであった。この考えに貴族たちは賛成、足利氏の有力一族は反対だったというからおもしろいではないか。

南北朝の合一の翌年、院政をおこなっていた父の後円融上皇が亡くなり、後小松天皇が親政をはじめることになった。足利義満はこのときから自分が天皇になる準備を着々と進めはじめた。たとえば、天皇がもっている貴族の官職の任命権を、義満が奪ってしまったことなどである。

後小松天皇は必死に抵抗を続ける。天皇家の危機である。これ以前は、いくら臣下が摂政や関白、あるいは将軍として権力を握ったとしても、天皇家を乗っとろうとするものではなかった。ところが義満は、その天皇家乗っとりをはかったのである。その第一歩が後小松天皇の後継者を作らないことである。

こうして、翌年に生まれた後小松天皇の長男は朝廷から追い出され、寺へ送られた。これが一休である。このようにみてくると、義満は以後も一休に警戒を怠らなかったのではないか。本章のはじめに、義満が一休を呼んで衝立の虎を縛れといった「一休頓智話」のなかの話を紹介したけれど、よくよく考えてみればこの話には重要な意味があるのではないか。義満は一休を本気で試したのかもしれないのである。「一休頓智話」の大筋が事実にもとづいていれば、一休が還俗《げんぞく》して天皇になれる可能性は完全にない。一休は利発すぎた。

世を捨てた僧侶にとって、本当は出身や父親の身分など問題ではないはずである。そうでなければ「出家」の意味がない。しかしすでに述べたように、そうはいってもその出身によって扱いが違うのが人間の社会である。一休が、いわばわがままをとおしながらも敬意を払われていたのは、後小松天皇のご落胤《らくいん》であるという根強いうわさが広まっていたからである。

極貧と厳しい修行

一休は六歳のときに京都の安国寺に送られ、僧侶としての第一歩を踏み出した。その後天竜寺をへて一三歳のときに建仁寺に入り、慕哲《ぼてつ》竜攀《りゅうはん》に漢詩を学んだ。この間、一休は禅寺の形骸化、僧たちの俗っぽさに嫌気がさしたようである。出家したからには、実家の身分の高さや裕福さを誇ったところでまったく意味がないはずである。しかし、出自を誇り、門閥を誇る。また誰それは低い身分の家からやってきたと、あばきたてて辱《はずかし》める。

あるとき、とうとう一休は耐えかねて耳をふさいで修行の部屋を飛びだした。そして師の慕哲に次の偈《げ》を差し出した。

説法説禅に姓名を挙ぐ。
人を恥ずかしむるの一句、聞いて声を呑む。
問答、もし起倒を知らずば、
修羅《しゅら》の勝負、無明《むみょう》を長ぜん。

「禅問答の場で、先輩が後輩の若い僧の出身をあばいて蔑《さげす》んでいる。私は驚いて声も出せない。正しい作法を知らなければ、せっかくの禅問答の場に修羅道の争いをもちこむことになり、迷いの世界はいつまでたってもつきはしない」。

少年らしい潔癖さで、一休は禅道場の俗化の非を鳴らした。まもなく彼は謙翁宗為《けんのうそうい》という隠遁僧のもとへ移った。謙翁は厳しく、誰をもよせつけぬ禅風で知られていた。ここでの五年間、極貧のなかで禅修行をするとともに内典（仏教書）・外典《げてん》（一般書）を懸命に学んだ。

ところが一休が二一歳のとき、謙翁が亡くなった。一休は心の支えを失い、いったんは母のもとに帰ったが、そこを離れてさまよい、大津の石山寺に七日間参籠、琵琶湖に身を投げて自殺しようとした。しかし、一休の様子に不安を覚えていた母が送ってきた使いの者に引きとめられた、と「一休和尚年譜」は伝える。

翌年、一休は琵琶湖の北岸、堅田にある祥瑞庵の華叟宗曇《かそうそうどん》の門を叩《たた》いた。華叟はこれまた清貧このうえない生活で、一休も内職をして衣食の費用を稼いだり、冬の夜のあまりに寒いときは、湖に出て知り合いの漁師の船に乗り、菰《こも》をかぶって座禅をして過ごしたりした。道元の『正法眼蔵《しょうぼうげんぞう》』に「学道の者（仏道を学ぶ者）はすべからく貧なるべし」ということばがある。一休は道元の直系の弟子ではないが、まさにこのことばどおりの修行生活であった。

二七歳のある夜、一休は大悟《たいご》した。それは、真っ暗やみの琵琶湖で舟に乗って座禅を組んでいるときであった。一声カラスの鳴くのを聞き、そのとたんに悟ったのである。だれの作かはわからないが、次のような歌がある。

闇の夜に　鳴かぬ鴉の　声きけば
　生まれぬさきの　親ぞ恋しき

「生まれぬさきの親」というのは、真実の自分自身ということである。禅修行の真の目的は、自分の身にまとわりついたこの世の中の塵《ちり》をとり払い、ほんとうの自分を探すことである。そのほんとうの自分を産んでくれた親こそ、求めるべき真の姿であると考えるのである。

一休は夜明けに師匠の華叟をたずね、その心境を伝えた。すると華叟は一休が大悟したことを認め、その証拠としての印可書を渡そうとした。印可書は師匠から弟子にあたえられるもので、禅宗のお坊さんにとって、命よりも大事なものといってよい。これによって一人前の禅僧として公認されたことになる。

ところが、一休は華叟の印可書には目もくれず立ち去った。困惑した華叟はそれから十数年後、さる人を通じてふたたび一休に印可書を渡そうとしている。しかし一休はこのときもうけとろうとはしなかった。それだけでなく印可書を破り、燃やしてしまった。一休が尊敬した華叟にしては何かしつこいところが腑《ふ》に落ちないが、一休はなぜ印可書を拒否したのであろうか。

それは、そのころの禅宗の社会が偽善に満ちたものであり、その象徴のような印可書など死んでもいらないと考えたからであろう。極端な貧困といつわりのない厳しい修行生活のなかで、一休には真実を追い求める姿勢が身についていた。

風狂の人

そのころの禅宗の社会が、偽善に満ちたものと一休が考えたのはなぜであろうか。実は一休が生きた室町時代は、禅僧が政治的にも文化的にも著しく活躍した時期である。五山文学が盛んであったのもこの時期である。

しかしその結果、僧侶の本来の在り方をおろそかにし、権力に近づこうと奔走する者や、外にむかっては戒律の厳しさを説きながら、内では破戒のかぎりをつくす禅僧も多かった。一休はこのような風潮を憎み、これと徹底的に争った。次のような逸話がある。

一休が二九歳のころ、大徳寺で華叟の師僧の言外宗忠《ごんがいそうちゅう》の三十三回忌があった。この法要には、大徳寺に多数の僧が威儀を整えて参列した。ところが華叟に連れられて列席した一休といえば、色のあせた墨染《すみぞめ》の衣に尻切れぞうりといった姿であった。華叟がとがめると、一休は「エセ坊主の仲間入りをするのはまっぴらです」と答えている。

また一休は町へ出るたびに木剣を腰に差した。これをみた町の人たちが「剣は人を殺すためのものなのに、人を生かすべき僧が剣をもつとはなぜか」と尋ねた。一休が答えていうには、

「お前たちは知らないのか。今、各地に充満しているエセ坊主はこの木剣に似ている。禅室に納まっているときは、鞘《さや》に入っている木剣同様、真剣のように鋭くみえる。しかし室を一歩出れば、鞘を離れた木剣みたいに役たたずである。人を殺すことさえできない。まして人を生かすことなど、なおさらである」

と。

一休に「風狂《ふうきょう》」の気配が目立ってきたのはいつごろからであろうか。それはすでに華叟の門下にいたころからである。前述の大徳寺での法要のあと、ある僧に華叟が、「あなたの後継ぎの僧はだれでしょうか」と尋ねられた時、
風狂といへども、この純子あり。

「狂気ではあるが、この純真な一休が後継ぎである」と答えているのが、その初見である。「純子」とは純真な気持で生きる道を求める若者という意味であり、つまりは一休のことである。

「風狂」というのは、「狂気」の意味である。常軌を逸した心といいかえることもできる。普通の人とは違う精神状態の人であり、しかものごとに没入する性格、あるいはもっぱらひとつのことにう

ちこんで他の事を顧《かえり》みないという性格の人をも意味している。禅宗の場合、「風狂」はほめことばである。

先の大徳寺での法要のあとまもなく、一休は放浪の旅に出た。風に任せ雲に任せて各地をめぐり歩いた。かくして一休は自分自身、「狂雲子」と名のり、その漢詩集のひとつを『狂雲集』と名づけた。

禅宗世界への痛罵

一休は、当時の禅宗の世界が権力と金にまみれていることに対して、徹底的に抵抗して生きた。他の禅僧たちや、それにかかわる俗人からみればまさに、常軌を逸した人であり、迷惑このうえない人である。しかも一休は後小松天皇の長男である。一休がそれを鼻にかけていたわけではないが、何物をも恐れず社会を押し渡っていったことについては、間違いなく「天皇の長男」という誇りがあった。誰もかなうわけがない。

事実、後小松天皇はたびたび一休を呼びよせている。天皇の後継ぎは一休より七歳年下の称光天皇である。病弱であり、子どもがいない。このような称光天皇が後小松天皇の後継ぎになったのは、天皇家を乗っとろうという足利義満の策略であった。称光天皇の後継ぎは一休の推薦によって、後小松上皇が皇族から選び出して後花園天皇としたと伝えられている。

しかしこの後小松上皇は一休が四二歳の時に亡くなった。がっくりした一休はますます世のなかに望みを失い、「風狂」の行動がいっそう激しくなった。もちろん「風狂」一休の側からみれば、自分こそ「正気」で他の人間こそ狂人ということになる。

一休の兄弟子に養叟《ようそう》という禅僧がいる。二〇歳近くも年長であり、経営の才能があり、多くの信者や弟子を抱えて大徳寺を中心にして繁栄していた。同じ華叟の兄弟弟子でありながら、一休は養叟を憎み、罵倒《ばとう》することははなはだしかった。一休の詩集のひとつである『自戒集』に次のような詩がある。

　養叟の大用庵に題す

山林は富貴、五山は衰う。
ただ邪師のみあって正師なし。
一竿を把って漁客と作らんと欲す。
江湖近代逆風吹く。

「大用庵《だいゆう》」は養叟が大徳寺山内に建てた寺、「山林」とは大徳寺、「江湖」とは世のなか、「逆風」とは禅宗が退廃していることである。このころ大徳寺は室町幕府が定めた五山十刹《ござんじっせつ》の官寺の制度から離れていた。つまり一休のこの漢詩は、養叟が建てた大用庵をみて、これを罵《ののし》っているのである。

「大徳寺は大金持ちで、五山は貧乏になった。世のなかには禅の道を誤らせる僧ばかりで、正しい師となるべき僧はいない。もう私は嫌になった。竿《さお》を担《かつ》いで魚でも釣りにいこう。近ごろ禅の世界は腐りきっている」。

養叟に対する罵倒は数十年、その弟子の代になってもまだ罵り続けたというから、一休の気迫は尋常ではない。

もうひとつ、養叟に対する罵りの声を『狂雲集』から。養叟が宗慧大照禅師の号を朝廷からもらったときのことである。

大用庵養叟和尚、宗慧大照禅師の号を賜《たま》はるを賀《が》す
紫衣《しえ》師号家の貧をいかんせん。
綾紙《りょうし》青銅三百緡《さし》
大用現前贋長老。
看来れば真箇普州の人。

「紫衣」とはもっともすぐれた僧に朝廷からあたえられる衣。「綾紙」とは禅師号をあたえる旨《むね》を書いた綸旨《りんじ》。「緡」は銭を通す糸。銭百枚で一括《ひとくく》りにする。「普州の人」とは泥棒のことである。

「立派な禅宗はあまりにも貧しい。いったいどうしたらよかろうかと悩んでいるのに、銭三千貫も払って禅師号を買った者がいる。よほどすぐれた僧が現れたとみてみたら、エセ老師の養叟じゃないか。あれはほんとうのどろぼうだよ」。

それでも養叟やその弟子たちは大いに繁栄した。一休のいうことなどほとんど気にかけなかった気配もある。

室町時代、日本は経済的に大きく発展した。農業技術は進み、貿易は盛んになり、建築ブームもお

きている。室町時代や次の戦国時代、政治的な争いが激しく、戦争も多かったのに、日本が壊滅的な状況に陥らなかったのは、ひとえにこの経済的大発展期にあたっていたからである。問題はあろうが、この社会的事情に乗って禅を発展させようという僧も多かったのである。もちろん単純に金と権力にまみれた僧も少なくなかったであろうが。

めでたくもあり、めでたくもなし

そういえば将軍足利義政の妻であり、女傑として知られる日野富子が、財政的手腕を発揮して室町幕府をささえたのは、それなりの歴史的理由があったのである。富子ははっきりと社会の動く方向を把握していた。金と権力を嫌う一休は、ちゃんと富子も非難している。「つつしんで天子の階下にたてまつる」という漢詩に次のようにある。

財宝米銭、朝敵の基。
風流の児女、相思うことなかれ。
扶桑国裏、安危の苦。
傍《かたわ》らに忠臣ありて、心糸乱す。

「財宝や米・金は国を滅ぼすもとだ。上品な女性ならば、そんなものをほしいと思ってはいけない。しかし事実は、欲に固まった女性が日本の国に危機をもたらそうとしている。天皇のまわりにいる忠臣はこのことを非常に心配している」。

養叟のような直接の関係者ではないので、さすがに直接の名指しは避けているけれど、罵られているのは日野富子である。

当時は経済の大発展期であるから、それに背をむけているのは明らかに主流の人間ではないし、偏屈だと思われても仕方がない。しかし、経済至上主義になりがちな社会の風潮を、一休は厳しく衝《つ》いている。金が人間を駄目にするのに対して、激しく警鐘を鳴らしている。

一休は恐いものなしである。それも空威張《から》りではなく、世が世ならば天皇になれていた人物である。なれなくて悔《くや》しいと思った時期もあったであろうが、その気持ちを乗り越えたら、もういくらでも自分の思うとおりに生きることができる。――真実の人間の生き方の追求。これが一休の一生の課題であった。

颯爽《さつそう》と生きて、しかもひとつひねった発言。民衆はしだいに一休に引きつけられていった。ただし、重苦しい雰囲気は抜いて。これが江戸時代に大いに広まった「一休ばなし」である。次のような話がある。

京都に喉《のど》の病気を治す秘伝の方法を知っている老人があった。一休がぜひ教えてほしいと頼むと、「よろしい教えましょう。ただしこれは家伝来の秘法なので、決して他人には話さないと約束して下さい」という。一休は約束し、その秘伝の方法を教えてもらった。

ところが、一休はその内容を立て札に書きつけて各地に立てたのである。先の老人が怒ると、「話さないと約束したが、書かないと約束した覚えはない」と答えたという。秘密主義・秘伝主義への批判である。

また以下のような話もある。ある時、一休は比叡山延暦寺の友人を訪ね、歓談していた。噂を聞いて集まってきた僧たちが、なにかひとつ私たちに書いてほしい、記念にしたいという。

そこで一休が短くさらさらと書いてやると、むずかしくて誰も読めない。そして「もっとわかりやすい字で、もっと長くお願いします」という。「よし、わかった。それじゃ紙を比叡山の金堂から下の方へずっと継ぎ足してごらん」と答えた一休は、「まだだ、まだだ」と、とうとう坂本の民家の近くまで続けさせてしまった。

そこで「さて」というわけで、一休は昔最澄が使ったという七、八尺の長く太い筆に墨をたっぷり含ませ、山を駆けくだりながら、さあっと一本の線を引いていく。途中で立ち止まって「さあ何という字か読めるかい」と聞くと、いやわかりませんというので、また筆にたっぷりと墨を含ませて線を引きながら、坂本まで来てしまった。

「ここまできたらわかるだろう。さあ読んでみろ」といわれても、並みいる坊さんたちは結局わからない。そこで一休が「これは、『いろはにほへと』の終わりの方の『あさきゆめみし』の『し』だ。これどうだ。読みやすいし、長い字だろう」といったので、坊さんたちは鼻白んでしまったという。これは権威と形式を墨守することに慣れ、無気力になってしまった比叡山の僧侶を揶揄《やゆ》した話である。

あるいは、次のような話もある。京都の町の家々では、正月の三が日には表戸を閉めることになっているという。これは一休が髑髏《どくろ》を竹の先につけて、「ご用心、ご用心」といいながら一軒一軒のぞきこんだからである。「お目出たいお正月に縁起でもない」と怒られると、「いや、この髑髏をごらん。目が出ていて虚空になっている。目出たい。これがほんとうにお目出たいことなのだ」と答えたという。

一休は、明日の命も知れぬ人間世界の無常を突きつけて、生死を越える世界に目を開いてもらいたいと考えていたのである。しかし、確かに縁起でもない。京都の人たちが表戸を閉めてしまうのも無理はない。ついでに、一休に仮託された歌に、

正月は　冥途《めいど》の旅の　一里塚
　めでたくもあり　めでたくもなし

というのもある。

森侍者との愛欲生活

一休は破戒僧に対しても、厳しく非難のことばを浴びせている。男色に対しても同じである。ところが彼自身は、気持ちの動くままに女性とも交わっている。隠したりはしていない。それも歳をとるにしたがって、いっそうおおっぴらになる。

一休が嫌ったのは偽善である。「人間生活の真実とは何かを追求しているのだ」というのが一休の

心であった。といっても、僧としてのあり方からいえば不道徳には違いないのであるが。

一休には、いろいろな女性との関係が伝えられているが、総じて幸い薄い美女を好んだようである。そのなかでも有名なのは森女との関係である。森女は森侍者とも記されている。

文明三年（一四七一）春、一休は森女とはじめての契りを結んだ。一休はすでに七八歳である。森女ははるか年下、二〇代か三〇代ではないかと思われる。なんと森女は前々から一休の噂を聞いて慕っていた。一休もそれを知っていたけれども、ためらっていた。しかし思いきって声をかけると、森女はふたつ返事で同居を承知したという。

森女は、ふっくらとした頬、高く流れるような鼻を持つ美しい女性で、小鼓《こつづみ》が得意であった。盲目である。もとはといえば旅から旅に鼓を打ちつつ歌をうたう瞽女《ごぜ》であった。七八歳の一休は、八八歳で亡くなるまでの一〇年間、森女を溺愛した。『狂雲集』に「森美人の午睡を看る」と題し、次の漢詩がある。


　一代風流の美人、艶歌清宴、曲もつとも新たなり。

　吟じて腸断す花顔の靨《えくぼ》、天宝の海棠《かいどう》、森樹の春。


「ほんとうに上品な美人の森女の艶《つや》やかな歌は、清らかですがすがしい。その声は胸にしみいるようであり、笑顔の靨がかわいい。目醒めて眠りの足りない様子がまた美しい」。手放しのかわいがりようである。

さらに「美人の陰に水仙花の香あり」と題した強烈な愛欲の詩がある。

楚台まさに望むべし、更にまさに攀づべし、半夜玉床、秋夢の顔。

花は綻ぶ、一茎梅樹の下、凌波の仙子、腰間を繞《めぐ》る。

「楚台」は女性の体、つまりは森女、「仙子」は水仙のこと。「梅樹」は老木が思い起こされ、一休のことであろう。どうも現代語訳しにくいが、後半は一休によって開かれた森女の陰中の水仙の花の香りが、彼女の腰のまわりを包んでいるという内容である。

こんなことを大真面目に漢詩に表している禅僧などいない。しかし、それもこれもほんとうのことであると、大っぴらである。一休にとって真実の人間生活の追求の一環である。嘘をついてはいない——一休はこういいたかったのであろう。

もちろん一休は文才があり、詩人でもある。彼の作った数多くの漢詩に、創作がなかったとはいい切れない。森女とのことでも、かなりの創作があると思われる。一休の年齢を考えると、肉体の愛欲に溺れる毎日とは思いにくい。しかし、いかにも真実味が感じられる漢詩ではないか。

真実を追求しながら、金と権力に抵抗して生きた一休。まさに痛快な一生であった。庶民の心に生き続けるのも当然であろう。第一、森女自身、あの一〇年間をほんとうに幸せな時期であったと思っていた。

一休が亡くなってはるかのち、その三十三回忌にあたり、森女も参列して比丘尼慈柏の名で香典をよせている。それは香典を出した数十人の尼衆のなかで、群を抜いて多い金額であった。

九　快　川――心頭を滅却すれば火も自ら涼し

迫り来る火のなかで

人間は、絶体絶命のときになったらどのような心境でいるだろうか。ましてまわりから火をかけられ、まさに焼け死のうとしているときには。

ふつう、頭に血がのぼり、何も考えられなくなるだろう。いくらふだん、禅の修行を積んでいても、それは平和なときの修行生活である。つねに死に直面しているつもりで修行に励むといっても、実際にはなかなかそうはいかない。

死を淡々と乗り越え、あるいは本心から笑い飛ばすことができたら、人間生活はなんと楽になることであろう。釈迦がはじめた仏教の出家の本来の目的は、人生でどんなことに出会っても動揺しない精神状態になることであった。それが悟りである。生・病・老・死の四苦を乗り越える力を身につけなければならないのである。しかしなかなかそのような人間は出てくるものではない。

ところが戦国時代も終わりころに活躍した快川《かいせん》は、本心から死をも恐れぬ僧侶であった。迫り来る火にも、まったく平静な気持ちでいられたのである。

信玄と快川

快川は戦国時代の人である。美濃国《みののくに》の守護土岐氏の一族に生まれた。文亀二年（一五〇二）のことである。同国の天衣寺に入って出家した。続いて崇福寺《そうふくじ》の仁岫《じんしゅう》和尚のもとで修行し、やがて仁岫の法嗣《ほうし》となった。のちに京都の妙心寺に住し、関山派の禅風を身につけた。妙心寺は臨済宗妙心寺派の本山で、その一派を開山の関山慧玄の名をとり、関山派という。

関山は、鎌倉時代から南北朝時代の人で、鎌倉建長寺で三〇年あまり修行し、のち京都大徳寺に住んでから、美濃国に引退していた。それを花園法皇が洛西に妙心寺を創建して開山に迎えた。この寺には関山の禅風を慕って多くの禅僧が集まり、臨済宗中最大の宗派となったという。この派には、特に厳しい禅風と学風があった。

妙心寺から美濃の崇福寺に帰っていた快川を、甲斐国《かいのくに》の武田信玄が熱心に招いた。信玄は仏教の信仰にあつく、彼が帰依した僧侶は大変多かった。京都天竜寺の策彦周良《さくげんしゅうりょう》もそのひとりである。彼は室町幕府の命令で二度も中国（明）に使者として渡り、彼の地の文化人とまじわり、巧みに漢詩を作ることで名をあげた。信玄は策彦を菩提寺《ぼだいじ》の恵林寺の住職としている。

また信玄は京都相国寺《しょうこくじ》の惟高妙安《ゆいこうみょうあん》も招いて恵林寺に住んでもらった。さらに妙心寺の明叔慶浚《みんしゅくけいしゅん》と希庵玄密《きあんげんみつ》も招き、同じく恵林寺に住んでもらっている。ほかに信玄は策彦から推薦された妙心寺の岐秀元伯《きしゅうげんぱく》も尊重した。「信玄」という法名はこの岐秀からあたえられたものである。

こうして信玄は多くの禅僧と親交を結んだことがわかる。絶え間ない戦争のなかで、信玄は死と紙一重の毎日を送らなければならなかった。そのため禅宗の厳しい教えが、彼にとって魅力的だったのであろう。そしてまた京都から入れかわり立ちかわり僧侶を招いたことについては、別の理由もあったに違いない。政治・文化その他の情報の収集である。甲斐国のような地方では特に必要であった。

信玄は厳しい禅風の関山派を好み、快川のことも伝え聞いたとみえて、熱心に誘った。その誘いに応じ、天文二三年（一五五四）、快川は甲斐におもむいて恵林寺に入った。しかしこのときには一年ほど滞在しただけであった。信玄は快川の人柄に感銘をうけ、熱心に再度の恵林寺入山を要請した。美濃に帰っていた快川も信玄に好意をもち続けており、永禄四年（一五六一）の信玄と上杉謙信との合戦である川中島の戦いのあと、信玄に次のような手紙を送っている。

去年河中島に百戦百勝以来、甲軍の威風天下に遍《あまね》く、武名日東に高し。（中略）越軍の残党、其の名有れども無きがごとし。憐れむべし。

「甲軍」とは甲斐国の軍隊のことで、信玄軍、「日東」とは日本という意味である。

このような信玄との関係の中で、快川はふたたび甲斐国におもむいた。永禄七年（一五六四）、六三歳のときのことである。快川が美濃国を去ったのは、同国の守護斎藤義竜と仲が悪かったからだという説もある。しかし義竜は、すでに永禄四年に織田信長と戦って敗死している。したがってかりに仲が悪かったといっても、それが永禄七年の快川の甲斐行の原因ではあるまい。

義竜が父の斎藤道三（秀竜）から家督を譲られ、美濃一国を支配下においたのが天文一七年であるから、不仲説が成立する可能性があるのは天文二三年の第一回甲斐行である。しかし、不仲説は快川が「火も自《おのず》から涼し」の句で有名になってから作られたように思える。義竜は父殺しで評判が悪いため、すぐれた禅僧の快川を甲斐へ追いやるという失策もしたと、義竜に追いうちをかけたということである。

禅僧のロマンチシズム

いずれにしても、快川は甲斐の恵林寺において、信玄の禅と学問の師として大切にされた。信玄には「風林火山《ふうりんかざん》」の旗がある。『孫子』から引いた文が記され、「孫子四如の旗」ともいう。それは、

疾如風　疾《はや》きこと風の如く、
徐如林　徐《しず》かなること林の如く、
侵掠如火　侵掠《しんりゃく》すること火の如く、
不動如山　動かざること山のごとし。

という、信玄の戦陣に臨むにあたっての決意を示した文章である。この旗は信玄の本陣に立てられていた。信玄麾下《きか》の士卒は、それをみて奮い立ったという。そしてこの文章を揮毫したのが快川なのである。快川がいかに信玄に信頼されていたかわかろうというものである。

元亀三年（一五七二）、信玄は大軍を率いて上洛をめざした。そして遠江国《とおとうみのくに》の三方《みかた》ケ原において徳

川家康と戦って勝ち、勢いに乗じて三河国《みかわのくに》に入ったが、間もなく病気で亡くなった。翌年の天正元年のことであった。その信玄が亡くなってからも、快川は甲斐国で厚遇された。信玄の後継ぎである武田勝頼の妻に法名をあたえ、その侍女にも蘭渓という法名をあたえたことがわかっている。その法名の解説のなかに次の漢詩があった。

群叢《ぐんそう》の古仏は那辺《なへん》に在りや。
雲は夢む沢南《たくなん》君子の泉。
八月に花開く善人の室《むろ》。
猗々《いい》奕葉《えきよう》山川に満つ。

「古くさわやかな仏のような蘭の花はどこに群れ咲いているのでしょうか。それはあの雲の下の、あなたのご主人である勝頼公の夫人やあなたがいらっしゃる沢の近くの泉のあたりなのでしょう。蘭の花は、八月にあなたがたの部屋のなかで開きます。その花はこれからもずっと美しく盛んに咲き、その香りは山や川に満ちみつでしょう」。

信仰心の篤《あつ》い侍女やその主人の勝頼夫人を、古仏を思わせる蘭にたとえてほめたたえることにより、武田の支配の永久に続くことを祈念しているのである。女性にあたえた法名に関する説明とはいえ、快川はなかなかロマンチックな人間だったことがわかる。厳しいだけではなかったのである。しかし、やがてこの武田氏が滅亡するときがやってくる。

末期の句

天正一〇年（一五八二）、天下統一の野望に燃える織田信長が大軍を送りこんできた。指揮をとるのは信長の嫡男の信忠である。武田氏は、やはり信玄の没後急速に衰えた。勝頼は信玄のようなカリスマ性に欠けていた。家臣たちが分散していくのもやむを得なかった。

そしてとうとう、甲斐国本国まで攻めこまれることになったのである。一族・家臣はどんどん勝頼のもとを離れた。同年三月、勝頼は夫人や息子の信勝とともに天目山《てんもくざん》のふもとで自刃してはてた。

翌四月初旬、信忠軍は快川の恵林寺に攻撃を仕掛けてきた。これは、かつて織田の敵対者である近江国の大名六角承禎《ろつかくじようてい》（義弼《よしすけ》）を恵林寺がかくまい、逃がしてやったことがあるからだという。そうでなくとも、長年武田氏に親しんだ快川は、織田氏に従うのをいさぎよしとはしなかった。快川は降伏を拒否する。

結局、快川や甲府長禅寺の高山和尚をはじめとする僧侶百余名は、恵林寺の山門の上へ追いあげられ、下に壊した家などを積まれて火をかけられた。もうもうとあがる煙と炎のなかで、しかし快川は冷静であった。そして次のように皆に呼びかけた。

「みなさんは今、火炎のなかに座してまさに焼け死のうとしている。このようなときにはどのようにみ仏の教えを説いたらよいのか。ひとつ各人が教えの言葉を作って末期の句としなさい」。

そこで諸僧はそれぞれ語句を作り、披露した。最後に快川は次のように説いた。

安禅は必ずしも山水を須《もち》ひず。
心頭を滅却すれば火も自ら涼し。

「安らかに禅定《ぜんじょう》に入るためには、必ずしもおだやかで気持ちのよい山や川の環境が必要なわけではない。精神を鎮め、雑念を払った状態に自分の心をもっていけば、火炎につつまれていても自然に涼しくなるのである」。

こうして快川をはじめとする僧侶たちは結跏趺坐《けっかふざ》した座禅の姿のまま、ゆうゆうと死についたという。座禅姿のまま息を引きとるのは禅僧の理想である。

この話は、火炎につつまれながら快川が長禅寺の高山にむかって、「三界《さんがい》安きことなし、何処《いずこ》に向かってか回避せん」と質問したのに対し、高山が「心頭を滅却すれば火も自ら涼し」と答えた話であるとも伝えられている。

いずれにしても、これは大変劇的な場面である。織田軍の怒涛の進撃の前にあえなく滅び去った武田氏と、その親しみを忘れずに人間として、また禅僧としての道に命をかけた快川の火炎のなかの問答。劇的かつ悲壮であるがゆえに日本人好みともいえて、多くの人の口から口へ語り継がれた。「心頭を滅却すれば火も自ら涼し」の句は今日にいたるまで使われている。ただし、それはあまりに熱い（暑い）とき、それを我慢することばとしてではあるが。

一〇 天海—超長寿の黒衣の宰相

徳川三代の宗教政策を支配

天海は徳川家康に重く用いられた、「高才利巧」の人であったという。才能があり、巧みであったというのである。何の才能があり、どのようなことに巧みであったのか。

それは、いろいろなできごとにあたって、臨機応変に対応することのできる能力をもっていたということなのである。早い話、座興に長じ、取り持ちの上手な人であった。機知に富んだ人——これが天海の特色を示すことばである。また彼は「黒衣の宰相」と呼ばれていた。

しかも天海は七四歳のころまでがいわば普通の生活であって、徳川家康に認められて世のなかの脚光を浴びるようになり、宗教界に君臨するにいたったのはそれからあとであるというから驚く。亡くなったのはなんと一〇八歳のときである。七四歳ころから三十余年間、「座興に長じた、取り持ち上手」によって大活躍したのである。天海が「黒衣の宰相」と呼ばれたのも、この間の家康・秀忠・家光という徳川三代の将軍に仕え、隠然たる勢力をもったことに対する評価の結果である。

機知に富むことで、そのように世のなかを渡っていくことができるものであろうか。もちろん、まったくそれだけというわけではなかった。天海は祈禱にすぐれた僧侶であるといわれたし、学問にもすぐれているといわれていた。しかしそれは、このような年輩の僧侶なら当然の評価でもあろう。それにしても、天海からはアクの強さや気味悪さ、また逆にさっそうとした快男児といった空気は少しも感じられない。

もちろんこうした天海は、おべっか使いといわれる危険性はあったのである。しかしそうはならなかった。天海の評判はほんとうによかった。為政者や庶民にいたるまでである。彼に頼めば決して悪いようにはしないという評判もたっていた。天海が政治的に失脚した人をよく助けたからである。

つまり、世のなかは変わっていたのである。大衆が僧侶に期待する内容も変わったのだ。大衆の見はてぬ夢、何かおどろおどろしいアウトサイダーに期待する時代は過ぎてしまったのだ。これは日本が戦国時代を経て江戸時代に入ったことにより、平和な世のなかを求めるようになったことと大いに関係があるだろう。今度は僧侶に、おだやかで人あたりのよい、つつみこむような人格を期待するようになったのである。その典型が天海であった。

もちろん天海にも野心はあった。それを着々と成しとげていったことを、大衆は決してみのがしてはいない。むしろ、彼のその能力に対する安心感もあったのである。

一〇八歳の長寿

天海はともかく長生きをした人である。一〇八歳で亡くなったことはほぼ確実であるが、一三五歳説や、一三四歳説、一三二歳説などもある。天海の生命力の強さに感心して生まれた説であろう。亡くなった年ははっきりしている。寛永二〇年（一六四三）である。つまりは、生まれた年にさまざまな説があるということである。

考えてみれば、今日の私たちが思うほど、昔の人は「何年に生まれたか」ということを大事にしなかった。今日では普通におこなわれている、誕生日を祝うという習慣は、明治時代以降に欧米から入ってきたものである。天海にしても同じことである。いわば七〇代から世に出た僧侶が、いつ生まれたなどと誰も気にしなかった。一〇八歳まで生きたという説が正しいとすれば、天海が生まれたのは天文五年（一五三六）である。

同じように、天海の出身についてもいくつかの説がある。陸奥国《むつのくに》大沼郡高田（現在の福島県大沼郡会津美里町）に、豪族蘆名《あしな》氏の一族に生まれ、蘆名兵太郎と称したというのがもっとも有力な説である。ほかに足利一一代将軍義澄の子、あるいは一二代義晴のご落胤などという説もある。しかしこれらの説は疑わしい。

天海は、一一歳のときに高田稲荷堂《いなりどう》の別当《べっとう》瞬海法印について出家した。一四歳のときから宇都宮の粉河寺《こかわでら》などの関東の名刹《めいさつ》を歴訪し、一八歳のときには比叡山延暦寺の実全に師事して、天台宗で重要な『摩訶止観《まかしかん》』『法華玄義』『法華文句』の神髄を学んだ。また園城寺《おんじょうじ》勧学院の尊実からは倶舎《くしゃ》を、興福寺の実空からは法相《ほっそう》・三論を、さらには下野国《しもつけのくに》の足利学校の門に入って孔子・老子の書を読んだ。こうして天海は内典（仏教学）と外典（仏教以外の学問）の多方面にわたり、幅広く学問を修めた。

元亀二年（一五七一）、織田信長が比叡山を焼き討ちしたとき、天海はその山のなかにいた。天海は山をくだって逃げざるを得なかった。さいわい、彼の学問の深さを聞いていた武田信玄の招きにより、甲斐国に行くことになった。三六歳であった。

二年後には会津に帰ったが、天正五年（一五七七）には上野国世良田の長楽寺に入って、葉上流の真言宗を学んでいる。葉上流とは、臨済宗の祖として有名で、同時に祈禱にすぐれていた栄西《えいさい》が、真言宗のなかではじめた一派である。翌年、ふたたび会津に帰った天海を、豪族蘆名盛隆は厚遇している。

天正一六年（一五八八）、武蔵国入間郡仙波（現在の埼玉県川越市）の喜多院《きたいん》に入った。五三歳であった。この喜多院（北院、星野山無量寿寺）こそ、後年の天海が一番の根拠地にした寺である。慶長四年（一五九九）、同寺二六世豪海のあとをうけ、天海は二七世住職となった。さらに四年後の慶長八年一一月、今度は豪族水谷勝俊の要請をうけて下野国芳賀郡久下田の宗光寺の住職となった。この間、他のいくつかの寺の住職になり、その寺々の発展につくしている。

天海は万般にわたって学識が深く、そのうえ彼の説教は簡明でわかりやすいという評判であった。さらに寺院経営の才にもたけていた。多くの豪族たちに好感をもたれたということは、天海が彼らの支配体制を破壊しないと安心させる雰囲気をもっていたというべきであろう。

家康の信任を得る

さて徳川家康は、慶長五年（一六〇〇）に関ケ原の戦いで石田三成を破った。三年後の慶長八年二月、家康は征夷大将軍となって江戸に幕府を開いた。天海が宗光寺に入る少し前であった。さらに二年後、家康は将軍職を息子の秀忠に譲った。徳川家の支配を永続させる宣言であったという。大御所となった家康は、しかしながら政治の実権を手放さなかった。秀忠ではまだ心許《こころもと》ないと考えていたのである。豊臣秀吉の遺児秀頼が大坂城にあり、豊臣恩顧の大名も多い。

慶長一二年、家康は江戸城を去って駿河国《するがのくに》の駿府《すんぷ》城（現在の静岡市）に入った。駿府は、家康が秀吉によって関東に領地を移される以前、東海地方に領地があったころの本拠である。大坂に対する備えと、いまだ支配が安定するはずのない関東から距離をおいて、全国支配を進めるためであった。もちろん、江戸城には第二代将軍となった秀忠がいる。そしてこの年、天海に関わる問題が比叡山延暦寺でおこった。

延暦寺では僧侶の間に争いがおこり、一山としての統制がとれなくなっていた。そしてその仲裁を家康に依頼してきた。延暦寺側の真意は、天海を家康の名のもとに送ってほしいということであった。天海の名声を聞いていた家康は、求めに応じて天海に比叡山東塔の南光坊の住職となることを命じた。

こうして徳川家康におおやけに認められはじめた天海は、慶長一三年（一六〇八）一〇月、駿府城に招かれた。家康は天海の態度や説教の巧みさ、学識の深さに感動して、のちに、天海僧正は人中の仏なり。恨《うら》むらくは相識ることの遅かりつるを。
「天海僧正は人間世界のなかの仏様だ。どうしてもっと早く会えなかったものか」と嘆息したという。翌年、天海は権僧正《ごんのそうじょう》に、慶長一六年には僧正に任ぜられた。こうして天海は七六歳というかなりの高齢であるにもかかわらず、家康の知遇をうけて幕府の宗教行政に深く関わっていくようになる。

天台宗勢力の二分

慶長一七年（一六一二）、家康は喜多院を関東天台宗の学問所に定め、寺領三〇〇石を寄進し、天海を呼び戻して住職とした。続いて慶長一八年、関東天台宗法度《はっと》が定められ、喜多院は関東天台宗全寺院の上に立つ本寺となった。

家康は、江戸幕府の支配体制を安定したものにするために各方面に対する規制を強め、その規制を法度として成文化した。たとえば天皇家や公家に対して「禁中並びに公家諸法度」を、大名に対しては「武家諸法度」を元和元年（一六一五）に発布している。

また家康は寺院や神社勢力に対しては特に細心の注意を払って対処した。これは家康自身、三河時代に一向一揆対策に苦慮したからでもある。もちろん押さえつけるだけではだめであるから、規制を強化しつつ、一方では寺領の寄付なども進めている。家康の名で出された寺社への法度は元和元年までに四三件にものぼる。

家康の寺院に対する方針は、まず新しい教義を作り出すことを禁じ、しかも僧侶の学問は奨励して軍事面・政治面に関心を持つことを押さえる。次に本山末寺制度を確立することにより、群小の寺院を政治支配体制のなかにとりこんでいく。これらを目的とした制度が作りあげられたことにより、江戸時代の仏教の発展はかなりの程度までとまってしまった。

しかし一〇〇年の長きにわたって続いた戦国の世を鎮めていこうという社会の趨勢のなかで、戦国の動乱に大いに関わった寺院勢力の牙が抜かれていくのもまたやむを得なかった。

戦国時代の大名たちが対応に苦慮したのは一向一揆だけではない。なかでも日蓮宗と、延暦寺を頂点とする天台宗勢力が問題であった。ほかに禅宗や浄土宗などの大勢力もあった。

しかし、日蓮宗はすでに織田信長の時代の安土宗論で叩かれたのをはじめとして、支配体制に組み入れられつつあった。一向一揆でさえ、豊臣秀吉のころから分裂の兆しがみえ、江戸時代に入ると東本願寺派と西本願寺派に別れて昔日の勢力を失った。では天台宗をどうするか。

そこで家康が注目したのが天海であったといってよい。浄土宗は家康の味方である。なぜなら三河時代の徳川家の菩提寺は、浄土宗の大樹寺だからである。禅宗は室町時代から幕府に協力的である。したがって残るは天台宗であった。家康はどうも天海を使って、天台宗を押さえこむことを考えだしたようである。

前述の関東天台宗法度の第四条には、次のように記されている。

関東本寺の儀を請けず、山門より直《じき》に証文を取るべからざること。

「関東本寺」とは天海の喜多院のことで、「山門」とは延暦寺のことである。つまりこの第四条は「何ごとにおいても、喜多院の了承を経ずに延暦寺の命令をうけてはいけない」という内容なのである。また同第五条は、

関東追放の仁においては介抱すべからず。もし山門において押して許容あらば、関東においては山門の下知《げじ》を受くべからざること。

「喜多院が追放した僧をかばってはいけない。もし延暦寺がかばったとしても、喜多院は延暦寺の行為を無視してよい」。

まさに喜多院は延暦寺の上位に立ったのである。天台宗は平安時代以来日本仏教界最大の宗派で、特にその本山である延暦寺は広い荘園と僧兵数千を擁し、たびたび政治家を悩ませてきた。またこの延暦寺は京都の朝廷の直接の支配下にあったため、朝廷の勢力を抑制しようという家康にとって、その面でも不安材料であった。

そこで家康は、この関東天台宗法度によって天台宗の勢力を西日本と東日本とに二分し、さらに天台宗の中心を喜多院を頂点とする関東に移したのである。

日光山を復興

この家康の政策は天海の考えにも合致するものであった。天台宗の僧である天海は、織田信長の焼き討ちによってすっかり昔日の勢いをなくした比叡山延暦寺の状況を残念に思っていた。しかし彼は、

しばらく南光坊の住職として延暦寺内の争いの調停と、全山の復興にあたっている間に、もとのような勢いをとり戻すのは無理だと判断するにいたった。

天海は、むしろ江戸幕府の保護をうけて天台宗全体の復興をはたすほうが得策であると考えた。そのためには思いきって天台宗の中心を関東へ移すことである。さいわい自分は家康の支持をうけている。喜多院を軸にして天台宗諸寺院を組織化しよう。こうして関東天台宗法度が発布されたのである。天海が「黒衣の宰相」といわれるゆえんである。

「黒衣」とは僧侶の着る衣のことである。「黒衣の宰相」という言葉のイメージからは、何か恐ろしげな印象があるが、実際の天海は人あたりのよい老僧である。

関東天台宗法度が出されたのと同じ慶長一八年（一六一三）、天海は下野国の日光山の管理も任された。日光山は古代以来の関東の霊場で、宗教界と俗界とに隠然たる大勢力をもっていた。しかし豊臣秀吉が政権を握って以来、その権威は凋落の一途をたどっていた。

たまたまこの年、日光山の貫主として管理にあたっていた山内の座禅院の権別当昌尊が僧侶間の争いをさばくことができなかった。これをみた家康は、天海を同じく山内の光明院の座主とし、日光山の貫主をかねさせた。

以後、天海は日光山三六院二五坊の復興にも努力するのである。もちろん、家康は関東および東国の支配安定に日光山を利用しようとし、信頼する天海にその運営をまかせたのである。天海は家康の期待によくこたえた。

大明神か権現か

徳川家康は元和元年（一六一五）、大坂夏の陣で豊臣家を滅ぼした。しかし家康はこのときを待っていたかのように病気に倒れた。翌年一月のことであった。八一歳になっていた天海は、とるものもとりあえず、駿府城で床に臥す家康のもとに駆けつけた。そして懸命に病気回復の祈禱をこらしたが、その成果はなかなかあがらなかった。このなかで家康は、四月一七日にとうとうその波乱の生涯を閉じた。ときに七五歳であった。

臨終の直前の四月二日ころ、家康は側近の本多正純と天海および崇伝《すうでん》を呼びよせて遺言を伝えた。崇伝は天海と並び、家康の信任あつい僧侶であった。ただし天海と異なり、崇伝は積極的に一般政治に関わった。そしてなにより、人間的には評判が悪かった。

家康の遺言は次のような内容であった。「自分の遺体は駿府国の久能山《くのうざん》に葬り、葬式は江戸の浄土宗・増上寺でおこない、三河国の大樹寺に位牌を立てよ。一周忌が過ぎたころ、日光に小堂を建てて自分を祀《まつ》れ。自分はそこで関東八州の鎮守となろう」。

こうして家康を神として祀る話がもちあがった。同時に、豊臣秀吉が「豊国大明神」の名で神として祀られたことも思い出され、家康が神に祀られるのは当然という雰囲気であった。家康は戦国の世を鎮め、幕府を開き、安定した社会を予感させる体制を築いた。秀吉より功績が大きかろうというわけである。

家康の神号について、天海は崇伝と意見が対立した。天海は天台宗の山王一実神道の立場から、「大明神」を主張した。「権現」とは、「かりに人間として姿を現した神」という意味で、「大明神」とは「権現」として祀ることを主張した。これにたいし崇伝は彼のよって立つ吉田神道の立場から、「おおいに霊験があらたかな神」という意味である。まあ、どちらも同じことである。

吉田神道は、京都吉田社の神官吉田兼倶が大成した神道で、豊臣秀吉はこの神道理論によって大明神として神に祀られた。崇伝はその例をとり、「大明神」のほうが大方が納得しやすいと考えたのであろう。しかし天海は「権現」として祀られるのが家康の遺言であると強く主張した。その遺言は天海以外は誰も知らないので、ほんとうであったかどうかわからない。

結局、崇伝は自説をあきらめ、天海の意見が幕府の採用するところとなった。その理由は、家康の遺言うんぬんもさることながら、議論の場で天海が次のように説いたことが効果的だったのである。江戸時代の谷重遠の著である『新《しん》蘆《ろ》面《めん》命《めい》』によると、
老中、天海へ、明神はあしく権現はよきと申す証拠を出され候へと、再三尋申され候へども、兎角いはず、ずんと終わりに、只一言申されけるは、明神はあしゝ、豊国大明神を見やれ、あれがよき歟《か》と、一言申され候故、夫ゆえ明神はみて候て、権現になり候。

と、天海はなかなか口を開かなかったが、さんざん催促されてやっと「『明神』はよくない。豊臣秀

吉の『豊国大明神』をみてごらん。あれがよいといえるかね」といった。家康を明神にしたら、豊臣家のように徳川家はまもなく滅びるぞ、それでもよいのか、と天海はいっているのである。しかも議論の最後に軽くいったことが効果的である。

山王一実神道は、比叡山の鎮守の日吉山王神社の神を戴くものである。したがって、天台宗の中心が関東に移されようとしていることに対する、延暦寺の不満をなだめる意味あいもある。今後、延暦寺も江戸幕府に協力せざるを得ない。「黒衣の宰相」天海の面目躍如といったところである。

こうして、幕府の使者の天海と板倉重昌は京都へおもむき、朝廷から家康の神号をくだされるよう願いを出した。その結果、朝廷では「東照大権現・日本大権現・威霊大権現・東光大権現」のうちから気に入った神号を選ぶようにとの意向が伝えられ、幕府は「東照大権現」を選んだのである。

この京都での滞在の間に、天海は大僧正に任命されている。大僧正は各宗派の最高の僧階を示すものである。延暦寺も承知し、天海は文字どおり天台宗の最高位に立った。

同じ元和二年の一〇月、幕府は天海を日光山に送り、藤堂高虎と本多正純の協力をもとに、家康の廟《びょう》を久能山から移す準備をさせている。そして翌年四月、家康の一周忌を期してその神霊は日光に迎えられた。

天海は多数の天台宗の僧侶および関東の諸宗の僧侶を引き連れて久能山に行った。また日光での祭儀は天海を中心にしておこなわれた。その祭儀は非常に華やかであり、翌月には日光山に社領五〇〇

○石が寄進された。

元和四年には秀忠が江戸城内の紅葉山《もみじやま》に東照宮を造営し、五年には尾張の徳川義直が、六年には水戸の頼房と紀伊の頼宣とがこれにならって東照宮を造った。こののち日光山には多くのきらびやかな建物が建立され、毎年のように法要が催されて、将軍の参詣や勅使《ちょくし》の参向が絶えなかった。日光は完全に関八州《かんはっしゅう》鎮護の霊場となった。天海の働きは大きい。

三代の厚遇

天海は家康の没後も、二代将軍秀忠・三代将軍家光に厚遇された。珍しいことである。ふつう、権力者に強く保護されたものは、その権力者の没とともに失脚することが多いからである。天海がその後二七年間、天海自身の没にいたるまで好感をもたれていたのは、ひとえにその人格にある。座興に長じた、取り持ちの上手な人だったからである。ではどのように上手だったのであろうか。天海の伝記である『慈眼大師伝記』に次の話がある。

寛永元年春、秀忠は江戸城西の丸に花畑を作り、ある日天海を花見に招待した。秀忠は天海にむかい、

「今、いろいろな椿の花がきれいだし、椿のほかにも珍しい花をたくさん集めて咲かせているのだよ。どうだろう、あなたは年配の方だ。昔にもこんなに華やかできれいな花畑があったろうかね」

と問いかけた。もちろん自慢しているのである。その気持を察した天海は、

国に文学盛んなれば、則ち花の色を増すと、

「国のなかが平和で学問が盛んだと、花の色の美しさが増すものです」。その上で、「こんなきれいな花畑はみたことがありません」と答えたという。みせてくれた花畑の美しさをほめ、なおかつ、それ以上に世のなかを平和に保っている秀忠の政治をほめているのである。秀忠はそのほめ方に感動したという。

また松浦静山《まつらせいざん》著の『甲子夜話《かつしやわ》』に、天海と家光との話がある。

ある日天海が家光のもとに伺候《しこう》したとき、家光から柿をもらった。食べ終わって、柿の種を懐に入れて帰ろうとするので、家光がその種をどうするのだと問いかけた。天海は「持ち帰って植えます」と答えたので、おもわず家光が、「そなたのような年寄りには無駄なことだよ」というと、ふたたび天海は次のように答えた。

「日本を治めるお方は、そのように性急なことをお考えになってはいけません。まもなくこの柿は芽を出し育ちます。いずれお目にかけましょう」

何年かたって天海が家光に柿を献上した。家光がどこの地方の柿かねと尋ねると、

左様、これは先年拝受せし柿核《しかく》の成長して実を結びたるなり。

「そうでございますな、これはいつぞや頂きました柿の種が成長して実がなったものです」と答え

たので、聞く人はみな感心したという。

もうひとつ、家光との話が『額波集』に載せられている。家光が病後に遊んでいたときのことである。彼は静養の意味もあって、江戸城二の丸で小鳥を捕る網を小姓たちに張らせ、庭へおりてぶらぶらしていた。そこへ天海がやってきたので、家光は、これはまずい、このようなだらしないところをみて天海は何と思うだろうと、「病後の気晴らしだよ」といいわけがましく話しかけた。すると天海は案に相違して、「一段ごもっともに存じ奉り候」いやあごもっともです、と応じたのである。

「武将のことを『弓取』と申します。これは弓を引き、矢を放つだけだからではありません。それではすぐれた弓のような武将にはなれません。弓の弦《げん》をずっと張りっぱなしにしていたならば、弓の腰が弱くなってしまいます。といって、弦を外してばかりいたのでは『寝弓』になり、いざというときに弓が狂ってしまって物の役に立ちません。ですから、弦をときどき張ったり外したりすることが必要なのです。

人間でも、礼儀正しいばかりでは短命に終わってしまいます。政治をとられるときは形式どおりに行儀正しく、お閑《ひま》なときはゆったりされて英気を養われることが重要と存じます。宇宙には天と地があり、陰と陽があり、昼と夜があるように、対照的にできています。すべて忙しくすべきときには忙しくし、ゆったりとすべきときにはそのようにすれば、天下は平和に治まります」

家光はすっかりご機嫌の体であったという。

また天海はしばしば、罪を得た人たちの赦免を将軍に願い出ている。家康の寵臣《ちょうしん》であった大久保忠隣、豊臣恩顧の福島正則、家光の弟徳川忠長、有力大名酒井忠世その他、天海に頼った人たちは多い。天海は親身になって相談に乗ってくれる僧であるとの評判があり、事実そのとおりであった。

こうして天海は黒衣の、しかし気味の悪くない僧として活動を続けた。寛永二年（一六二五）には、秀忠の後援のもとに江戸上野忍岡に東叡山寛永寺を建立した。これは比叡山延暦寺に対抗する天台宗の大寺を造ろうという意図からである。山号に権威のある比叡山を思わせる東叡山、寺号に延暦寺と同様に当時の年号の寛永をつけたことがその意図をよく物語っている。

こうしてさまざまの活躍をした天海は、寛永二〇年（一六四三）にさすがに寿命がつき、一〇八歳で亡くなった。

慶安元年（一六四八）、家康の三十三回忌にあたり、朝廷は天海に慈眼《じげん》大師の号を贈っている。いわゆる「大師号」は、平安時代の伝教大師（最澄）・弘法大師（空海）・慈覚大師（円仁）・智証大師（円珍）ののち、七〇〇年にわたって例をみなかったものである。いかに天海の存在が大きかったかがわかろう。

エピローグ―僧侶と日本人

庶民の見はてぬ夢

本書では一〇人のきわだった特色をもった僧侶をとりあげた。日本の奇僧・快僧たちである。彼らはなんと生き生きとした人生を送ったことか。彼らも人間であるかぎり、それぞれの悩みを抱えていたに違いない。しかしそれを越えて、いや悩みを丸抱えにしたうえで、今日の私たちに大きな魅力を感じさせるのである。

本来、庶民の普通の人生からは外れた人たちであった。いわばアウトサイダーであった。人里離れたところで静かに学問をし、仏教修業をする知的な存在であるべきはずであった。庶民とはあまりかかわりがないはずであった。

しかし、話はむしろ逆であった。なぜなら、そのアウトサイダーのなかには、引きこまれたらあと戻りできないような魅力を備えた人びとが数多くいたからである。平板で坦々《たんたん》とした人生から抜け出ようにも抜けられない庶民。彼らがそのはたせぬ夢を託したのは、知的なアウトサイダーで、超人ともいうべき僧侶たちであった。彼らの発言と行動に、庶民は拍手を送り、また涙したのである。

「超能力」をもち、女帝を恋人に、天皇位にまで手がかかった道鏡。和歌と恋に生きつつ、幻の自由な人生を追い求めた西行。まるでそれが生きがいであるかのように権力者に反抗し続けた文覚。従来の仏教思想を逆転させ、結婚こそ極楽浄土への近道と叫んだ親鸞。『法華経』のためには命をも惜しまなかった日蓮。

そしてまた、家族を捨て、財産を捨て、すべてを捨てきって遊行に生きた一遍。武人として短い人生を駆け抜けた尊雲（護良親王）。反骨精神に富み、風狂の世界に生きた一休。心頭滅却すれば火も自ら涼しとつぶやいて焼け死んだ快川。座の取り持ちがうまかった黒衣の宰相の天海。

見方を変えれば、世界の庶民の期待が奇僧・快僧を生み出したともいえるであろう。庶民の夢が奇僧・快僧のエネルギー源である。庶民はその夢を奇僧・快僧に託し、その僧侶たちのことをのちの時代にまで語り伝えたのである。

ところがこのような奇僧・快僧はしだいに少なくなった。古代から中世と時代を追ってみていくと、近世つまり江戸時代に入ったあたりから目立った僧はいなくなる。本書が天海で終わりにしたのは、このような理由による。すぐれた僧侶もいたのであろう。しかし庶民は僧侶に夢を託せなくなってしまったのである。なぜか。

中世以前にはいろいろな性格の僧侶がいた。今までみてきたような奇僧・快僧。さらには、世俗の権力者と結びつき、あるいは権力者そのものとなって庶民と対立した僧侶。権力者とのかかわりを嫌い、庶民のなかでその救済に努めた僧侶。俗人と同様に妻子をもつ生活を維持しながら、救いを説いた僧侶。あくまでも世俗を離れ、人知れず生涯にわたって修行に生きた僧侶。

快楽のなかの僧侶たち

江戸幕府が宗教界に対して厳しい統制策をとったことには、はっきりとした理由があった。戦国時代までの社会において、僧侶があまりにも政治にかかわりすぎたのである。浄土真宗の一向一揆や、日蓮宗の法華一揆、あるいは宗教的権威と僧兵によって大きな世俗的権威を築いた延暦寺や興福寺などの大寺院。

江戸時代に入り、一転して僧侶たちは幕府や藩の強い統制下に置かれた。「新儀非法の禁」により、社会に対応した新しい信仰をうち出すことは、法律に違反することとされた。人びとを救う新しい工夫をしようとしてはいけないのである。そのかわり、僧侶たちには経済的な保証があたえられた。檀信徒も確保してもらった。今日まで続く檀家制度のはじまりである。

こうして、なかにはすぐれた僧侶がいたにしても、安穏な生活にどっぷりと浸《つ》かる風潮が全体として仏教界を覆いはじめたのである。しかもその生活の費用は、否も応もなく、庶民から吸いあげられていくのである。庶民が僧侶に魅力を感じなくなっていったのも、当然のことであろう。夢を託せるアウトサイダーは消えた。

明治時代から現代にいたるまでに、僧侶はさらに庶民の生態形態に近づいた。なしくずし的に結婚が認められるようになったことである。今日ではそれだけではなく、寺の住職を自分の息子に継がせる傾向も顕著になってきた。つまりは、家の職業としての住職であり、その世襲である。

日本では住職だけでなく、国会議員の世界でもその他の分野でも世襲が目立つようになってきた。もちろん何がなんでも世襲が悪いというつもりはない。僧侶についても同じである。檀家制度があるかぎり、長年にわたって親しんだ住職の息子に、あとを継いでもらいたいと願うのも当然の人情であろう。

しかし、である。僧侶は聖職者として、人間の良心のとりでではなかったか。世の将来をみすえ、信念をもって人びとを動かす存在ではないのか。そうあって欲しいと、少なくとも私は思うのである。そのためには、結婚とそれに続く家庭生活は、現実問題として大きな障害になる可能性もあるのではないか。

現在の日本の仏教界で、独身主義を通しているのは、日蓮宗不受不施派《ふじゅふせは》など、ほんのわずかとなってしまった。まして第二次大戦後は、僧侶が家族とともにひとつの寺に居続ける傾向が強くなっている。日本経済は発展し、豊かな暮らしをする僧侶も多くなった。

妻子があって、豪華な電化製品があって、すばらしい自家用車があって、おいしいものをたくさん食べて、適当に遊びにいって……このような僧侶たちを私は何人も知っている。ほんとうに「僧侶」はすっかり世俗の職業の一種になってしまった。

しかし考えてもみよう。僧侶といえば、悟りをひらくために修行し、その成果をもって世のなかのいろいろな悩みから人びとを救う存在であったはずである。その悩みのもとである世のなかの快楽に、僧侶自身がどっぷりと浸かってしまっては、人を救うのはきわめて困難なのではなかろうか。少なくとも、親鸞のように深刻な内省と、それを乗り越える気力がなければ、魂の救済者にはなれないのではないか。

もちろん私は、寺に生まれて僧侶にならざるを得ず、真剣に生き方を模索する人たちのことも知っている。ただ、世俗社会のなかで生き方に悩むのは僧侶だけではない。誰も同じである。

ふたたび「奇僧・快僧」よ、出でよ

世界的にみれば、宗教者に結婚を認めている宗教はむしろ少数派である。仏教についても、お隣りの韓国では僧侶は独身があたりまえである。僧侶になることは文字どおり出家することである。台湾においても同じことなのだ。彼らの多くは、日本の僧侶に妻があり子があるということを聞くと、「えっ」とびっくりする。

現代において、世界的に宗教の力が弱まり、形骸化してしまったのはわかりきっている。しかし日本はひどすぎるようにみえる。これはなぜだろう。外国ではめざましい活躍をする宗教者がいまだにいる。それは多くの人の良心のとりでとなって、という意味である。あるいはまたその信念で多くの人を動かすという意味においてである。

たとえば、一九六〇年代のアメリカで、黒人運動の指導者として活躍したキング牧師を思い出してみよう。ついに銃弾に倒れたけれど、その信念はアメリカという国を動かした。録音テープで残されているその情熱的な演説は、今聞いても私たちの心をゆさぶる。ほんとうに不思議である。情熱的ではあるが、澄んだ、我利我欲を捨てた、無私のキング牧師の精神が伝わってくるのである。

ローマ教皇にしてもそうである。カトリックの精神にもとづき、世界の精神的な指導者であろうとする。もちろん、教皇の説く妊娠中絶の禁止が、信仰上の問題や女性の人権などともからんで不透明感があるように、教皇の発言がいつでもすべての人によって肯定されているわけではない。しかし教皇のうち出す指針が、安易な生活に走りがちな現代人に、警鐘を鳴らす役割をはたしていることは疑いがあるまい。

もう外国暮らしが長いけれど、チベットのダライ・ラマもラマ教徒の心のよりどころである。その発言は世界の注目を集めるし、そのさわやかな笑顔は魅力的である。

人を思い、国を思う気概。人間の良心のとりで。これをキング牧師にも、ローマ教皇にも、ダライ・ラマにも感じる。日本でもできるはずではないか。

人間の生活形態が時代とともに変わるのは当然である。僧侶のあり方、僧侶と俗世間のかかわり方も昔と同じはずはない。また夢とそれを託す相手も変わっていく。

しかし、世のなかに夢そのものがなくてよいはずはあるまい。夢があってこそ社会を動かし、次の時代を作る活力が生まれる。日本の仏教界が現在のような状態なのは、仏教界の責任か、それともその状態を許す日本の風土の問題か。いずれにしても、夢を託せる奇僧・快僧のパワーがもう長い間落ちこんでいるのは間違いあるまい。私としてはぜひ復活してほしいと思う。

私の友人の多くの僧侶は、仏教自体の生き残りをかけて苦闘している。彼らの努力は疑いようがない。そのうえで、伝統を考慮しつつも次の時代をきり開く魅力的な僧侶になってもらいたいものと思う。それは強力な信念を持った僧である。私たちが頼りにすることのできる良心のとりでである。現代の「奇僧・快僧」よ出でよ、というのが私の希望なのである。

あとがき

近年は海外渡航ブームである。私の学生時代には考えられなかった。よい時代になったものだ、と他人ごとのように思いながら、私もせっせと外国に出ている。観光半分、仕事半分の旅であるが、いずれの場合でも新しい世界と新鮮な出会いとに感動することが多い。そしてつくづく思うのは、私は自分が背負っているはずの文化についてどれだけ自分でわかっているのか、どれだけ外国人に理解させ得るか、ということである。

私の勤務先の大学の多くの学生諸君も、外国に行くようになると、日本の文化をもっと深く知りたいと、まるで絵に描いたように同じ考え方をするようになる。そしてその真剣さにも驚かされる。文化といっても幅が広いし、人それぞれによって関心のもち方が違う。しかしその文化を背負い、生かすのは人間である。私の専門は日本の歴史の研究なので、その観点から何か役割をはたすことはできないだろうかと考えた。

というわけで、私はここ数年、特に日本史のなかの人間像について関心をもって研究してきている。「日本人」はこうあるべきだ、などというつもりは毛頭ない。ただ私たちと同じ日本列島に住んだ私たちの祖先が、何を思って暮らしていたか、どのような期待や夢を人生に抱いていたのか、また私たちに何を残してくれたのかを知りたいだけである。それが結果的には、将来の国内外へむけての私たちの糧となり、意欲となろう。

このようななかで、講談社から『日本の奇僧・快僧』という企画の話があった。よし、それでは昔の人たちが僧にどのような期待や夢を抱いたのかをまとめてみよう、という目的のもとにできあがったのが本書である。

私はもともと日本史のなかでも仏教史が専門であるので、全体を構成するのにそう苦労はなかった。ただ、とりあげた一〇人の僧の生涯について、全員が同じ程度にわかっているわけではない。詳しくわかっている僧もいれば、史料不足であまり人間像がわからない僧もいる。しかし一〇人をできるだけ同じレベルで話を進めたいと考えたので、その点に工夫が必要であった。執筆が終わってほっとしている。

最後に多くの本のあとがきに書かれているように、感謝の意を述べたい。まず、僧籍にある人生に意欲的な、先輩・後輩の友人たちに対して。このかたがたからうけた有形・無形のご恩ははかり知れない。次に講談社編集部の渡部佳延氏に対して。百戦錬磨ともいうべき同氏のおかげで本書は無事に完成した。心からお礼を申しあげたい。

一九九五年一〇月七日

今井雅晴

補　論

奇僧・快僧に対する期待はできるか？

一九九五年、私は講談社編集部から講談社現代新書で『日本の奇僧・快僧』という本を出版しませんか、という依頼を受けた。それは私が茨城大学から筑波大学に勤務先を変える前の年のことであった。話を聞くと、奇僧とは超能力を身に付けているらしい僧のことで、快僧とは反権力の僧を意味しているらしいことが分かった。いずれも社会に大きな与えた僧侶を取り上げてほしい、といった要望の内容であった。

「奇僧・快僧？」私は一瞬、依頼を受けていいかどうかためらった。私は歴史研究者であり、また歴史研究の方法について若手を指導する立場にもあったからである。たとえば歴史上の人物について、彼はいい人だったから大事にしよう、悪い人だったから無視しようなどと、自分の好みをいっていては研究は進まない。「奇僧・快僧」についても同様である。ある僧侶について「奇」僧、あるいは「快」僧というレッテルを貼って評価していくのはいかがなものか。しかし私は『日本の奇僧・快僧』の依頼をつぎの一瞬で引き受けることにした。

一九九五年といえば、いまからもう二十二年前になる。一九八〇年代にあれほど盛んだった日本の経済はその二年前の一九九三年にはじけていた。あの世界に冠たる経済力はバブルだったんだ、泡みたいにはかないものだったんだといわれるようになった。そして実感として経済不況が日本全体を苦しめるようになったのは一九九五年からである。どうしたらいいかという難問が日本の前途に立ちはだかった。本書はまさにこの時期に企画され、出版されたのである。

この時期までの日本人は昨日より今日、今日より明日の方がよい社会になる、幸せになる、未来は明るいと考えていた。しかし一転、それが逆になって不安な時代に突入した。その時に当たって『日本の奇僧・快僧』が世に出たということである。私は本書のプロローグ（「はじめに」）に「知的アウトサイダーとしての僧侶」と副題を付けた。つまり社会の難問を解決していくためには、従来からの社会的リーダーではなく、社会のはずれにいる者こそ重要なのではないか。異なる価値観を持ち、社会の問題解決に意欲的な者こそ注目されるべきではないか。そしてやはり知的な素養は持っていてほしい。

新しい寺院を興そうという意欲を持つ僧侶は、いつの時代でもいる。現代では農村よりも都会、特に東京を中心とした関東でその動きは大きい。非常に興味深いことに、一九九五年前後に寺を興した僧侶で成功した例は多いのである。いろいろな理由が考えられるにしても、僧侶への期待が大きかったということであろう。

僧侶に注目して、その不可思議な力や反権力に焦点を当てて『日本の奇僧・快僧』という本を出版しようとされた当時の講談社編集部は、優れた目を持っておられたといわざるを得ない。沈みゆく不安の中で藁にもすがる気持で超能力を持ち、気持よくさせてくれる僧侶よ出でよ、という空気をいち早く読み取ったのであろう。

そして初刊から二十二年後の二〇一七年、吉川弘文館編集部から復刊の申し出があった。これも一瞬ためらったが、申し出を受けることにした。吉川弘文館は歴史専門書の出版で知られ、私は何冊も出版させていただいている。初刊の時の新書の性格とは異なるのではないか。しかし再刊のシリーズの主旨は「歴史のおもしろさを読者に知っていただく」ということであった。それならまさに本書はぴったりと自負できる。味気ない歴史的事実を並べるだけでなく、それらを紡ぎ合わせて現代人の生きる糧になるような叙述を心がける、というのが私の社会に対する役割だと心得ているからである。それこそ現代の歴史学の進むべき道であろう。

一方、現代の仏教界はどうか。二十二年前と比べて顕著に変わりつつあると思わざるを得ないことがある。それは一般の人々の寺院離れが急速に進んでいることである。寺院の立場から見れば、檀家が急速に離れてその経営維持が難しい状況が進行しているのである。

東京などの都会では、一つのビル全体が多数の骨壺（むろん亡くなった人の火葬された骨が納められている）を安置する場所となっている所もある。遺体が病院から火葬場に直行の例も増えている。日本で長年続いた葬式仏教の崩壊が始まっていると思わせる。

この原因は、仏教界の側で社会の変化に対応する努力が足りなかったことである。厳しくいえば努力を怠ってきたことである。バブルの時代に広がりつつあった心の悩みを持つ者は、バブル崩壊後、さらに増えた。寺院のほとんどが教団に属し、身軽に対応できない状況にあること。第二次大戦後、寺院の経営がある家族で世襲化される状況が特に進んだこと。つまり家の職業となってしまい、住職が思い切った手を打ちにくい状況に陥っていること。手を打った結果、家族（寺院では寺族という）の生活が破たんをきたし、伝統を守りたい檀家が離れていっては困るのである。

さらにいえば、最近、新しい寺院を興そうという人たちは一様に苦戦している。二十二年前とは明らかに社会状況が異なっている。

では何をどうしたらよいのか。僧侶にはもう期待できないのか。いやそうではないだろう。仏教は日本の貴重な財産である。私は一九九五年以降も何度も外国の大学の客員教授に招かれ、日本の文化や仏教について学生や大学院生諸君を指導した。その大学はアメリカ・ヨーロッパ・アフリカ・アジアに及ぶ。そこで感じたことは、彼らの日本仏教に対する敬意の念は強いということである。仏教思想や儀礼は、そうとは自覚していなくても、日本人の生活や心に大きな、プラスの影響を与えているという理解である。

私はこのような観点から、歴史上の僧侶が現代人に呼びかけているがごとき発言を、『知っておきたい名僧のことば事典』（中尾堯氏と共編、吉川弘文館、二〇一〇年）として出版した。

外国の人々の評価を基にするわけではないけれども、いまこそ仏教界からも社会を強く導く僧侶よ出でよ、ということである。従来風の常識によるのではなく、アウトサイダーのなかにこそそのような僧侶は期待できよう。それはいつの時代でも同じことである。意欲ある僧侶よ出でよ。

僧侶研究の進展

本書は、あくまでも厳密な歴史学研究の上に論を展開させている。本書初刊から二十二年間、それぞれの僧侶についてどのような伝記研究がなされてきたかを、以下に見ていきたい。

(1)　道　鏡

道鏡については、一介の修行僧から天皇位を狙うまでに至った活躍ぶりについて、いったいどのような方策を使ったのかとうならされるものがある。まさに奇僧である。そこには何か呪術を使ったか、あるいは孝謙（称徳）天皇との男女関係があったのか、と昔から噂されてきた。

しかし道鏡はほんとうに天皇位を狙ったのか？　藤原氏をはじめとする強力な諸氏族のさまざまな動きのなかで、それは可能だったのか？　近年の研究の主流では懐疑的である。その研究は宇佐八幡神託事件を手がかりにしている。たとえば中西康裕『続日本紀と奈良朝の政変』（吉川弘文館、二〇〇二年）では次のように説いている。

この事件は、藤原一族のなかで誰を称徳天皇の後継者にするかで意見の対立があり、和気清麻呂に責任が押しつけられたのではないか。実際には道鏡も天皇位を狙っていなかったので、後に下野流罪という軽い罰で済んだのではないか。

これに対し、細井浩志『古代の天文異変と史書』（吉川弘文館、二〇〇七年）では、この神託事件の首謀者は称徳天皇であったと主張している。つまり道鏡即位を否定したのは他ならぬ称徳天皇自身であった。道鏡を寵愛する気持は変わらないけれど、天皇にはできないとの決断だったということになる。

女性である称徳天皇の動き、宇佐八幡宮の威力、奈良時代の政界と仏教勢力。そのなかで天皇位の一歩手前までのぼり詰めた道教の異様な力とは何だったのか。興味は尽きない。

(2) 西　行

西行に関する研究は数多い。それは主に国文学者の視点、美術史学者の視点、そして歴史学者の視点からなされてきた。西行には、伝記である『西行物語』（『西行一生涯草紙』・『西行上人発心記』・『西行和歌修行』など）と、それに対応する絵を合わせた『西行物語絵巻』がある。いずれも貴重な西行研究資料である。

その『西行物語絵巻』には三つの系統がある。広本系（徳川美術館・萬野美術館所蔵本、サントリー美術館蔵白描本など）・略本系（静嘉堂文庫所蔵本、サントリー美術館所蔵着色本など）・采女本系（津軽家旧蔵本など）である。しかし従来、三系統の絵巻の絵を比較検討するための基本資料がまとめて提供されることはなかった。それを果たしたのが千野香織編『絵巻＝西行物語絵』（日本の美術第四一六号、至文堂、二〇〇一年）で、本書には三系統の多数の絵巻のすべての絵の写真が掲載されている。便利な業績であり、西行研究に資すること大である。

視覚化された西行イメージの何が、誰の心を、どのように惹きつけてきたのか。西行への思慕は、絵によってどのように構築されてきたのか。これらが本書編集の意図である。そしてそれらの意図に基づき、本書の随所に千野氏の見解が示されている。

また西行研究の重要な史料である和歌については、西行の和歌すべてで約二千三百首を集めた久保田淳・吉野朋美校注『西行全歌集』（岩波文庫、二〇一三年）が出版された。本書には脚注の他、詳しい補注や校訂の一覧が付されている。

なお今井雅晴「西行の和歌と『捨てる』思想」（『駒沢大学仏教文学研究』第三号、二〇〇〇年）および「西行と一遍の『捨てる』思想」（『心』武蔵野女子大学、二〇〇〇年）は、〝貧しさ〟を生きがいとした西行の思想を追求したものである。

(3)　文　覚

荒法師文覚は鎌倉期の仏教文化と政治に大きな足跡を残したとして、山田昭全『文覚』（人物叢書、吉川弘文館、二〇一〇年）が出版された。本書では、文覚は源平の動乱の仕掛け人、という評価がなされている。

また文覚が復興に尽力した京都・神護寺に関し、坂本亮太・末柄豊・村井祐樹編『高雄山神護寺文書集成』(思文閣出版、二〇一七年)が出版された。神護寺文書全体が活字になったのは初めてである。文覚の時代や文覚の人そのものについての研究が進むことが期待される。

さらに文覚について、京都や鎌倉その他の地域に残る遺跡あるいは逸話の収集が盛んに行なわれてきた。京都付近では森浩一『京都の歴史を足元からさぐる　嵯峨・嵐山・花園・松尾の巻』(学生社、二〇〇九年)など。鎌倉付近では、奥富敬之『鎌倉史跡辞典』(新人物往来社、一九九九年)など。また静岡県伊豆の国市では「頼朝・文覚上人出会いの路」なるコースを作り、文覚ゆかりの六ヶ所がめぐれるようになっている。

(4) 親　鸞

第二次大戦後の長い間、親鸞は民衆の味方で反権力とされてきた。その考えのもとに後鳥羽上皇や幕府と戦い、また逆に上皇や幕府に弾圧されたというのが一般的な説であった。筆者(今井)もその説を基に親鸞について考察してきた。しかし、その説を成り立たせている唯一の史料である『教行信証』化身土巻の関係部分の解釈、および親鸞流罪の原因について、上横手雅敬「「建永の法難」について」(同氏編『鎌倉時代の権力と制度』思文閣出版、二〇〇八年)によって根本的な見直しを迫られることになった。親鸞が『教行信証』で批判したのは、朝廷と既成仏教教団が手を結んで専修念仏を弾圧したなどということではなく、単に後鳥羽上皇が刑罰決定の手続きを無視したことを批判したに過ぎなかったのである。国家に反逆、ということではなかった。

上横手氏の研究成果を軸に、従来からの日本刑罰史研究の業績も踏まえ、今井雅晴『親鸞聖人の越後流罪を見直す』（「歴史を知り、親鸞を知る」⑧、自照社出版、二〇一五年）が刊行された。また親鸞と鎌倉幕府との関係を見直す今井『五十六歳の親鸞・続々―一切経校合―』（「関東の親鸞シリーズ」⑪、真宗文化センター、二〇一四年）が刊行された。さらにそれらを総合し、刊行年が逆になったが、東国での活動に重点を置いた親鸞伝が今井『親鸞と東国』（「人をあるく」、吉川弘文館、二〇一三年）である。

もう親鸞は反権力のヒーローとして誉めそやすことはできない。しかし当時の平均寿命に近い四十二歳にして新世界を切り開くべく、見も知らぬ関東へ布教に向かった意欲、しかもその成果を上げ得たこと。また結婚こそ極楽への近道・確実な道として、妻と越後・関東で協力しつつ活躍したこと。それは五人もの子を育て上げつつ、である。さらに、その生活のなかで、思想的遍歴のもとに主著『教行信証』を書き上げたことは現代人の生活意欲を沸き立たせるものであろう。

⑸　日　蓮

日蓮に関してはその後も多くの業績・出版物が世の中に出ている。なかでも中世史および古文書学の立場からの中尾堯『日蓮』（歴史文化ライブラリー、吉川弘文館、二〇〇一年）・同『読み解く『立正安国論』』（臨川書店、二〇〇八年）、思想史の立場から佐藤弘夫『日蓮―われ日本の柱とならむ』（日本評伝選、ミネルヴァ書房、二〇〇三年）は注目すべきである。

日蓮の人生は、幾たびもの死線をくぐり抜けた波乱万丈であった。反面、そのイメージは多岐にわたっている珍しい人物である。佐藤氏は先行研究を踏まえ、できる限り事実に即して日蓮の足跡を再現しようと試みている。そのために厳密な学問的手続きを踏まえながらも、日蓮の信仰の世界の核心にまで降り立つことを目指す、としている。

また佐々木馨『日蓮の思想構造』（吉川弘文館、一九九九年）は、鎌倉幕府からの弾圧のなかで、日蓮が自分を法華の行者としていかに思想を構築していったか、それをどのように門弟や信者たちに伝えていったかを検討したものである。また同氏編『法華の行者　日蓮』（日本の名僧12、吉川弘文館、二〇〇四年）は、蒙古襲来の時代を背景にいかに日蓮が日本の救世主となろうとしたか、その魅力を十人の研究者が論述したものである。

(6)　一　遍

一遍については、その伝記・思想を伝える自筆の書き物がない。したがってその伝記絵巻である『一遍聖絵』（国宝）および『遊行上人縁起絵』を基本に検討していかざるを得ない。そのために歴史的研究が難しいのか、今井雅晴『一遍―放浪する時衆の祖』（三省堂、一九九七年）、同『捨聖　一遍』（歴史文化ライブラリー、吉川弘文館、一九九九年）、同『一遍と中世の時衆』（大蔵出版、二〇〇〇年）さらには同編著『遊行の捨聖　一遍』（日本の名僧11、吉川弘文館、二〇〇四年）以外に目立った業績がない。

一九九六年の阪神・淡路大震災において、神戸市兵庫区・真光寺の一遍墓所の一・九メートル以上の五輪塔が倒壊した。なかから二つの骨壺と、数個の舎利が出現した。筆者も実見した。この舎利は一遍の火葬骨とも目されたが、調査はせず、復興された五輪塔に納められた。また二〇一三年、一遍の誕生地である松山市・宝厳寺に安置されていた一遍立像（室町時代）が、本堂の火災で跡形もなく焼失した。すべてを捨てて遊行に生きた一遍らしいが、しかし残念なことであった。

近年の一遍の学問的研究は活発とはいえない。しかし一遍は、平安時代末期から鎌倉時代にかけての「貧しさ」を生活の理想の境地とする文化を理論化し、また自分自身その理想に生きた僧侶である。現代社会の、豊かさの行き過ぎ故に精神的に問題のある人が多くなってしまった社会に、一遍の生き方は十分に検討されるべきであろう。現代の課題に対応する、新しい観点からの盛んな一遍研究の出現が望まれる。

(7)　尊　雲

尊雲は日本の歴史に中で特に人気がある皇族の一人であろう。その人気の理由の第一は、天皇の息子でありながら武力・武略に長けており、鎌倉幕府を倒すのに大いに働いたということである。この理由の背景には、天皇をはじめとする皇族は学問や和歌には優れているけれども武力・武略には能力がないものだという考え方がある。

第二に、鎌倉幕府は天皇の権力を奪い、天皇を圧迫していたけしからん存在であったという考え方がある。そのなかで、皇子たちは出家しておとなしく暮らすものだとされていたのに、雄々しくも立ち上がって還俗し父・後醍醐天皇のために幕府と戦ってこれを滅ぼした。反幕府の武士たちを集めた統率力は常識を超えたすばらしいものがあった、それはいったいどのようにして身に付けられたのか。まだ二十代なかばの若者なのに、という称賛が現代に至るまで続いている。

一方、戦術に優れていた源義経は、兄頼朝の鎌倉幕府創立のために大いに働きながら、結局は兄に疎まれて奥州平泉で悲劇の死を遂げた。一介の武士から出発して人臣最高の太政大臣まで成り上がった平清盛も、最後は四面楚歌になりつつあるなかで〝あっけ死に〟（熱病での死亡）した。歴史をひもとくと、英雄たちの多くは安泰の臨終を迎えていない。尊雲も父に疎まれて鎌倉の片隅で行きがけの駄賃のように殺された。そのもともとの原因は、父の綸旨に先駆けて幕府討滅の令旨を出したことに、父が不満だったからであるという。しかしこのような死も、英雄として尊雲の人気を高める一因となって現代に至っているのである。

尊雲の一生に関する最近のまとまった研究業績に、新井孝重『護良親王　武家よりも君の恨めしく渡らせ給ふ』（日本評伝選、ミネルヴァ書房、二〇一六年）がある。

(8)　一　休

一休は現代においても継続的に人気がある。「一休咄」「一休とんち話」などから子ども向けの教養、あるいは娯楽の話に仕立て上げやすいからでもあろう。すでに一九八〇年代から断続的にテレビドラマに使われてきた。二〇一二年と翌年にはそれぞれ単発ながら『一休さん』『一休さん2』が製作された。また俳優・劇作家の野田秀樹が一休を主人公に「TABOO」を舞台劇として制作した（初演は一九九六年）。音楽でも作曲・櫛田胅之扶「一休禅師〜いま宿花知徳の道へ〜」（『SUPERMAN』、二〇一七年）がある。さらには『戦国ランス』（アリスソフト、二〇〇六年）なるゲームまでも作られているから驚きである。まさに現代に生きる一休さんということである。

一休を研究する場合の基本資料についても、平野宗浄・監修、他・訳注、他編著『一休和尚全集』全五巻・別巻（春秋社、一九九七〜二〇一〇年）、石井恭二／訓読・現代語訳・解読『一休和尚大全』上下巻（河出書房新社、二〇〇八年）が刊行されている。

この間、多くの論考が公にされている。筆者も一休の法兄養叟宗頤と森女について「法兄養叟宗頤」と「森女」で検討したことがある（『国文学　解釈と鑑賞』「特集■風狂の僧・一休—その実像と虚像」第六一巻第八号、一九九六年）。

(9)　快　川

戦国時代末期から江戸時代初めにかけては、日本人好みの多くの武将たちが出現した。織田信長や豊臣秀吉、徳川家康や上杉謙信、そして武田信玄。彼らは絶え間なくといっていいほどテレビドラマ、それも年間を通しての大河ドラマに出現する。視聴者は信長らがどのような人物であったか分かっていても、期待感を持ってドラマを楽しむのである。その一人、武田信玄と親しかったのが快川である。彼は滅んだ武田家に殉じた。しかも織田信長軍の火に焼かれながら「心頭を滅却すれば火も自ら涼し」といったという。辞世の句ということである。熱かっただろうなあと思いつつ、視聴者はその場面がどのように演出されるのか期待する。

というわけで、近年では二〇一四年のＮＨＫ大河ドラマ『軍師官兵衛』、二〇一六年のテレビ東京のドラマ『信長燃ゆ』などがある。

研究書としても横山住雄『武田信玄と快川和尚』（戎光祥出版、二〇一一年）がある。また小和田哲男『明智光秀と本能寺の変』（ＰＨＰ文庫、二〇一四年）でも快川が注目されている。

ただ、「心頭を滅却すれば云々」の句は、ほんとうに快川が発した言葉だったのかどうか、確定しがたいところがある。実は長禅寺の高山という禅僧が快川の問いに答えた句だともいう（『甲乱記』）。それよりも、快川も高山もみんな恵林寺の山門で火に焼かれたのに、どのようにして末期の句を外部に伝えることができたのだろうか。

しかし武田信玄びいきの人たちが作り上げた伝承という観点から見れば、後世に強い影響力を与え続けている挿話であるといえよう。

⑽　天　海

天海は百八歳の長寿を保ったという。とてつもない長生きである。他に百三十三歳説や百三十五歳説までである。そもそも、当時の平均寿命は四十歳余りと推定されるから、普通の人の二倍から三倍の寿命を保ったということになる。それだけでも驚異的である。しかも世に出たのは七十四歳の時とされているから、よけいに驚く。

歴史的に見れば、武将や政治家の影に僧侶が見え隠れすることはよくある。天海もその一人であった。徳川家康・秀忠・家光三代に仕えた、いわゆる黒衣の宰相といった立場である。それがどうも陰気な宰相ではなく、明るい宰相だったらしい。秀忠に長寿の秘訣を教えて「粗食、正直それから毎日お風呂にお入りください」といったのはともかく、「時おり、おなら（屁）をしたほうがいいですよ」などと述べたというのは、余裕たっぷりの観がある。

天海にはそのような逸話が多く、それらは江戸時代後期の江戸南町奉行であった根岸鎮衛の随筆『耳嚢』に収録されている。それは鈴木棠三・編注『耳袋』（東洋文庫、平凡社、一九七二年）として出版され、さらにそれは平凡社ライブラリーとしても刊行されている（二〇〇〇年。別に、長谷川強・校注『耳嚢』岩波文庫、一九九一年がある）。

また近年には圭室文雄編『政界の導者　天海・崇伝』（日本の名僧15、吉川弘文館、二〇〇四年）があり、八人の研究者が天海に関する論考を寄せている。

本書の原本は、一九九五年に講談社より刊行されました。

著者略歴
一九四二年　東京都に生まれる
一九七七年　東京教育大学大学院博士課程日本史学専攻修了
茨城大学教授、筑波大学大学院教授を経て、
現　在　筑波大学名誉教授　文学博士
この間、プリンストン大学・コロンビア大学（アメリカ）、台湾国立政治大学、カイロ大学（エジプト）その他の客員教授を歴任

〔主要編著書〕
『親鸞と東国』（人をあるく、吉川弘文館、二〇一三年）、『親鸞と歎異抄』（歴史文化ライブラリー、吉川弘文館、二〇一五年）、『捨聖一遍』（日本人のこころの言葉、創元社、二〇一四年）、『親鸞の伝承と史実』（法藏館、二〇一四年）、『名僧のことば事典』（中尾堯と共編、吉川弘文館、二〇一〇年）

読みなおす日本史

日本の奇僧・快僧

二〇一七年（平成二十九）十一月一日　第一刷発行
二〇一八年（平成三十）三月二十日　第二刷発行

著　者　今《いま》井《い》雅《まさ》晴《はる》

発行者　吉川道郎

発行所　株式会社　吉川弘文館
郵便番号一一三―〇〇三三
東京都文京区本郷七丁目二番八号
電話〇三―三八一三―九一五一〈代表〉
振替口座〇〇一〇〇―五―二四四
http://www.yoshikawa-k.co.jp/

組版＝株式会社キャップス
印刷＝藤原印刷株式会社
製本＝ナショナル製本協同組合
装幀＝渡邉雄哉

ISBN978-4-642-06755-3

刊行のことば

現代社会では、膨大な数の新刊図書が日々書店に並んでいます。昨今の電子書籍を含めますと、一人の読者が書名すら目にすることができないほどとなっています。ましてや、数年以前に刊行された本は書店の店頭に並ぶことも少なく、良書でありながらめぐり会うことのできない例は、日常的なことになっています。

人文書、とりわけ小社が専門とする歴史書におきましても、広く学界共通の財産として参照されるべきものとなっているにもかかわらず、その多くが現在では市場に出回らず入手、講読に時間と手間がかかるようになってしまっています。歴史の面白さを伝える図書を、読者の手元に届けることができないことは、歴史書出版の一翼を担う小社としても遺憾とするところです。

そこで、良書の発掘を通して、読者と図書をめぐる豊かな関係に寄与すべく、シリーズ「読みなおす日本史」を刊行いたします。本シリーズは、既刊の日本史関係書のなかから、研究の進展に今も寄与し続けているとともに、現在も広く読者に訴える力を有している良書を精選し順次定期的に刊行するものです。これらの知の文化遺産が、ゆるぎない視点からことの本質を説き続ける、確かな水先案内として迎えられることを切に願ってやみません。

二〇一二年四月

吉川弘文館

読みなおす
日本史

- 昭和史をさぐる　伊藤　隆著　二四〇〇円
- 歴史的仮名遣い　その成立と特徴　築島　裕著　二二〇〇円
- 時計の社会史　角山　榮著　二二〇〇円
- 漢　方　中国医学の精華　石原　明著　二二〇〇円
- 墓と葬送の社会史　森　謙二著　二四〇〇円
- 悪　党　小泉宜右著　二二〇〇円
- 戦国武将と茶の湯　米原正義著　二二〇〇円
- 大佛勧進ものがたり　平岡定海著　二二〇〇円
- 大地震　古記録に学ぶ　宇佐美龍夫著　二二〇〇円
- 姓氏・家紋・花押　荻野三七彦著　二四〇〇円
- 安芸毛利一族　河合正治著　二四〇〇円
- 三くだり半と縁切寺　江戸の離婚を読みなおす　高木　侃著　二四〇〇円
- 太平記の世界　列島の内乱史　佐藤和彦著　二二〇〇円
- 白　隠　禅とその芸術　古田紹欽著　二二〇〇円
- 蒲生氏郷　今村義孝著　二二〇〇円
- 近世大坂の町と人　脇田　修著　二五〇〇円
- キリシタン大名　岡田章雄著　二二〇〇円
- ハンコの文化史　古代ギリシャから現代日本まで　新関欽哉著　二二〇〇円
- 内乱のなかの貴族　南北朝と「園太暦」の世界　林屋辰三郎著　二二〇〇円
- 出雲尼子一族　米原正義著　二二〇〇円

吉川弘文館
（価格は税別）

読みなおす日本史

- 古地図からみた古代日本 土地制度と景観　金田章裕著　二二〇〇円
- 「うつわ」を食らう 日本人と食事の文化　神崎宣武著　二二〇〇円
- 角倉素庵　林屋辰三郎著　二二〇〇円
- 江戸の親子 父親が子どもを育てた時代　太田素子著　二二〇〇円
- 埋もれた江戸 東大の地下の大名屋敷　藤本　強著　二五〇〇円
- 真田松代藩の財政改革 『日暮硯』と恩田杢　笠谷和比古著　二二〇〇円
- 日本の奇僧・快僧　今井雅晴著　二二〇〇円
- 平家物語の女たち 大力・尼・白拍子　細川涼一著　二二〇〇円
- 戦争と放送　竹山昭子著　二四〇〇円
- 「通商国家」日本の情報戦略 領事報告をよむ　角山　榮著　二二〇〇円
- 日本の参謀本部　大江志乃夫著　二二〇〇円

吉川弘文館
（価格は税別）